DIE UNBEKANNTE FERNE,
DAS UNBEKANNTE LEBEN

DIE DEEKENS IN SAMOA

DIE UNBEKANNTE FERNE, DAS UNBEKANNTE LEBEN

DIE DEEKENS IN SAMOA

Aufzeichnungen von Elisabeth Deeken

Herausgegeben von
Glorianna Jagfeld

Bibliografische Information der Deutschen Nationalbibliothek:
Die Deutsche Nationalbibliothek verzeichnet diese Publikation
in der Deutschen Nationalbibliografie; detaillierte bibliografische
Daten sind im Internet über http://dnb.dnb.de abrufbar

Einbandgestaltung: Fabian Nobis, Dresden
Layout und Satz: Glorianna Jagfeld, Stuttgart
Herstellung und Verlag: BoD – Books on Demand, Norderstedt

ISBN: 9783848217403

Für meine Familie

INHALT

VORWORT

Den Stein des Anstoßes für dieses Werk gab die Veröffentlichung von Else Deekens Kindheitserinnerungen in Form eines gebundenen Büchleins, veranlasst durch eine ihrer Enkelinnen, Marianne Wesselburg. Mein Großvater und ebenfalls ein Enkel Else Deekens, Peter Jagfeld, hatte je ein Exemplar für seine drei Kinder bestellt, sodass dieses Büchlein von meinem Vater an mich weitergereicht wurde. Mit großer Begeisterung las ich die Erinnerungen meiner Ururgroßmutter, die vor über hundert Jahren gelebt hatte. Ihre Aufzeichnungen berührten mich sehr und ich fühlte mich nach der Lektüre meiner Geschichte und Familie viel stärker verbunden. Im Gespräch mit meinem Großvater erfuhr ich, dass Else Deeken auch ihre Erlebnisse während ihrer Zeit in Samoa schriftlich festgehalten hatte. Mein Interesse wurde sofort geweckt und ich beschloss, diese Aufzeichnungen ansprechend aufzubereiten.

Im November 2014 erhielt ich die von Trudi Peikert, einer weiteren Enkelin Else Deekens, mit der Schreibmaschine abgetippte Abschrift des Originalmanuskripts. Ich scannte sie zunächst ein, verwendete dann eine automatische Texterkennung, um den Text aus den Scans zu extrahieren, und korrigierte anschließend den erkannten Text von Hand. Diese Aufzeichnungen bilden in Form des Kapitels »Else Deeken: Aufzeichnungen über die erste Zeit in Samoa« den Hauptteil dieses Werkes. Sie werden durch einige von meinem Großvater vorgeschlagene Ergänzungen erweitert: Die beiden aus dem Buch »Ein Jahrzehnt in Samoa« entnommenen Kapitel von Frieda Zieschank sowie den Rückblick Elses im Alter auf die Zeit in Samoa in Form des Kapitels »Oma erzählt ihrem kranken Hannele«. Zusätzlich beschloss ich das Werk um einige Hintergrundinformationen zu erweitern und mit Fotos aus dem privaten Familienbesitz (sofern nicht anders gekennzeichnet) zu illustrieren.

Während der Arbeit an diesem Buch wuchs meine Bewunderung für meine Ururgroßmutter: Als junge Frau reist sie wenige Tage nach ihrer Hochzeit mit ihrem Ehemann um die halbe Welt, um dort im Urwald ein Haus aufzubauen.

Später zieht sie als junge Witwe ihre sechs Kinder alleine groß und schafft es, während Kriegs- und Hungerszeiten für ihre große Familie zu sorgen.

Die Informationen in diesem Werk habe ich nach bestem Wissen und Gewissen zusammengetragen und geprüft. Einige Geschehnisse ließen sich jedoch von mir nicht eindeutig rekonstruieren. Dies betrifft insbesondere die genauen Umstände des Konfliktes zwischen Gouverneur Wilhelm Solf und Richard Deeken. In dieser Hinsicht möchte ich diese Arbeit als neutral verstanden wissen, die keine abschließende Wertung über die Rolle Solfs bzw. Deekens in diesem Konflikt vornimmt.

Das Anliegen dieses Werkes ist es, die Eindrücke und Gefühle Elses möglichst unverfälscht für ihre Nachkommen zugänglich zu machen. Daher habe ich ihre Aufzeichnungen unkommentiert übernommen, auch Passagen, die eine Einstellung der Deekens gegenüber anderen Völkern und insbesondere Samoanern nahelegen, die ich ausdrücklich nicht teile. Ich bitte darum, diese Äußerungen in ihrem historischen Kontext zu sehen, jedoch nicht zu verkennen. Die Aufzeichnungen wurden an die neue Rechtschreibung angepasst und um erklärende Fußnoten ergänzt.

An der Arbeit zu diesem Werk waren viele Familienmitglieder beteiligt, denen ich allen herzlich danke. Besonders danken möchte ich meinem Großvater, Peter Jagfeld, der die Idee und den Großteil der Materialien für dieses Werk lieferte, mich zu diesem Projekt ermunterte und mir stets mit Rat und Tat zu historischen und familiären Fakten zur Seite stand. Dank gebührt auch Rosemarie Vespermann-Deeken für die Veröffentlichung einer Biografie Richard Deekens auf »www.deeken-samoa.de«, die ich mit ihrer freundlichen Genehmigung in großen Teilen übernehmen konnte. Weiterhin danke ich Hermann Jagfeld für das Einscannen von fast hundert Bildern der Deekens auf Samoa und meiner Mit-Ururenkelin Beatrice May für Tips zum Urheberrecht und zur Titelei. Unschätzbar dankbar bin ich meinem Partner, Alexander Geisler, für die Unterstützung beim Satz, der Bildbearbeitung und in allen technischen Fragen.

Ich wünsche allen Lesern – insbesondere allen interessierten Nachfahren der Deekens – viel Spaß dabei, ein Stück Geschichte anhand der Erlebnisse Richard und Else Deekens zu entdecken!

Amsterdam, April 2016   Glorianna Jagfeld

Kurze Einführung in die Geschichte Samoas[1]

Samoa ist ein Inselstaat im südwestlichen Pazifik, der aus vier bewohnten und sechs größtenteils unbewohnten Inseln besteht. Die beiden größten Inseln sind Savai'i und Upolu, auf der die Hauptstadt Apia liegt. Der heutige Staat Samoa umfasst den westlichen Teil der Samoainseln, daher wurde er bis 1997 offiziell Westsamoa genannt. Der östliche Teil der Inseln ist Amerikanisch-Samoa, ein Außengebiet der USA. Es umfasst einige Vulkaninseln und zwei kleine Atolle, darunter als größte Insel Tutuila mit der Hafenstadt Pago Pago.

Die früheste Besiedlung Samoas datiert wahrscheinlich auf etwa 1000 v. Chr. Seit 200 v. Chr. existierten intensive Kontakte zu den Nachbarinseln Tonga und Fidschi. Von 940 bis 1250 wurde Samoa von Tonga beherrscht. 1722 erreichte der erste Europäer, der Niederländer Jakob Roggeveen, die Inseln. Es folgten französische Seefahrer, die die Küsten kartographierten und die Bewohner studierten. Keines der Länder beanspruchte jedoch die Inseln. Erst im 19. Jahrhundert erwachte das Interesse der drei Kolonialmächte USA, Großbritannien und Deutschland an Samoa. 1830 begannen Missionare der britischen London Missionary Society die samoanische Bevölkerung zu christianisieren. 1839 installierten die USA einen Konsul auf Samoa, (wahrscheinlich) 1847 gründeten die Briten ein Konsulat; ein deutscher Konsul wurde 1861 ernannt.

Dem Hamburger Handelshaus »Joh. Ces. Godeffroy« gelang es ab 1855, den Handel mit Samoa zu dominieren, was in den 1870-er Jahren weitere deutsche Firmen anlockte. Dadurch verschärfte sich die Konkurrenzsituation zwischen den drei Mächten (die »Three Powers«), von denen jedoch keine Samoa für sich gewinnen konnte. 1878 erhielten die Vereinigten Staaten den strategisch günstigen Hafen Pago Pago auf Tutuila in Ostsamoa. Ein Jahr darauf erhielt Deutschland einen Hafen bei Apia auf Upolu in Westsamoa.

---

1 Diese Zusammenfassung basiert auf den Informationen der Internetseite http://www.laender-lexikon.de/Samoa_(Geschichte).

Thronstreitigkeiten zwischen den samoanischen Parteien und Konflikte zwischen den Drei Mächten führten 1888 zum ersten Samoanischen Bürgerkrieg, dem »Samoa-Krieg«. Ein Zyklop zerstörte im März 1889 in der Bucht von Apia liegende deutsche und amerikanische Kriegsschiffe. Daraufhin wurde der Konflikt auf der Berliner Samoa-Konferenz im selben Jahr beendet und die Machtkämpfe mit der »Berlin Treaty« zunächst beigelegt. In diesem Abkommen wurde Samoa als formal unabhängiges Königreich unter dem Protektorat der drei Mächte anerkannt.

Dieses Bündnis hielt bis zum Tode Königs Malietoa Laupepa im Jahr 1898, als wieder verschiedene samoanische Parteien um die Thronnachfolge rangen. Es kam zum zweiten Bürgerkrieg, der die wirtschaftlichen Interessen der Mächte in Gefahr brachte. Daher wurde im Samoa-Vertrag 1899 die Monarchie abgeschafft und die Teilung der Inseln beschlossen. Ostsamoa wurde Amerika zugeteilt und erhielt später den Namen Amerikanisch-Samoa. Westsamoa wurde zur deutschen Kolonie Samoa unter der Verwaltung von Gouverneur Wilhelm Solf. Großbritannien wurde mit anderen pazifischen Inseln entschädigt.

Zu Beginn des Ersten Weltkriegs 1914 besetzte Neuseeland Westsamoa und erhielt es 1920 als Völkerbundmandat, 1946 als UNO-Treuhandgebiet. Im Zweiten Weltkrieg war Samoa Truppenstützpunkt, aber nicht von den großen Schlachten des Kriegs betroffen.

Am 1. Januar 1962 wurde Westsamoa als erstes fremd beherrschtes Land Polynesiens wieder unabhängig. Der Staatsname wurde 1997 von Westsamoa zu »Unabhängiger Staat Samoa« geändert.

Ostsamoa ist seit 1899 in amerikanischem Besitz, seit 1926 ist es eine abhängige Region und seit 1945 ein Außengebiet der USA.

Gedenkstein zur deutschen Besetzung Samoas. Die Inschrift lautet »Hier wurde am 1. Maerz 1900 die deutsche Flagge gehisst. Errichtet 1913«.

South Pacific Ocean

Upolu

Savai'i

4

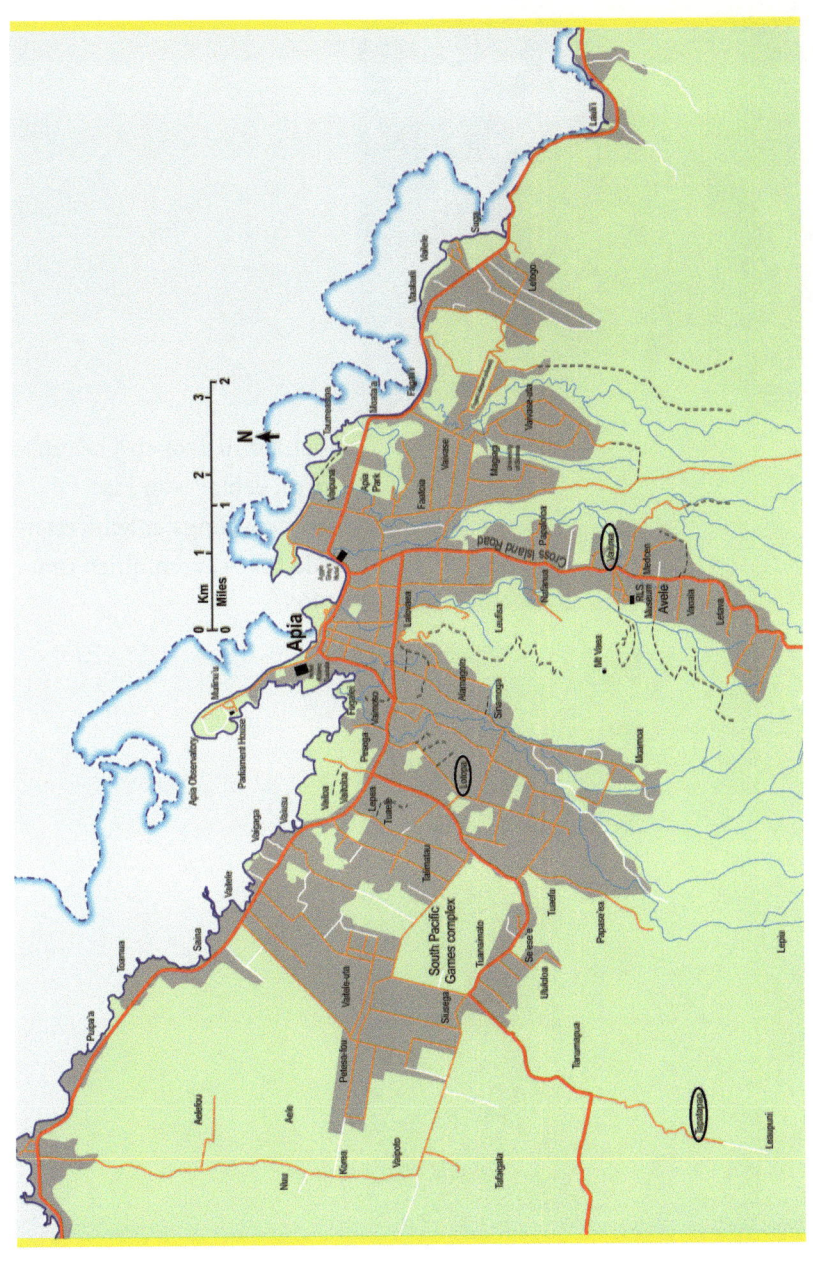

Apia und Umgebung © CloudSurfer / Wikimedia Commons / CC-BY-SA-3.0 /GDFL
Eigene Hervorhebung der Orte Tapatapao, Lotopa und Vailima (v.l.n.r.)

Richard in Tropen-Galauni-form, gemalt von Else Deekens jüngster Schwester Ada Boese, vermutlich um 1905

Richard auf Samoa

FAMILIE DEEKEN

RICHARD DEEKEN

Dr. Richard Theodor Bernhard Joseph Deeken
* 16. Juni 1874 in Westerstede/Oldenburg als Sohn des 1878 verstorbenen Ober-
amtsrichters Justizrat Leonard Deeken
† 28. August 1914 in Arracour/Frankreich, an den Folgen einer Verwundung in
der Schlacht von Serres

Richard Deeken war Leutnant beim 1. Westfälischen Feldartillerie-Regiment
No.7 in Wesel, Gründer der Deutschen Samoa-Gesellschaft (DSG) in Berlin
und ihr Pflanzungsdirektor auf Samoa, Schriftsteller, Direktor der Forst- und
Kolonialschule in Miltenberg/Main und Herausgeber des »Weltkunde- und
Weltwirtschaftsanzeigers«.

LEBEN[2]
1877 Ab dem Alter von drei Jahren lebt Richard im Haus seines Onkels, da
seine Eltern krank sind. Mit vier Jahren werden er und sein Bruder Vollwaisen.

1893 Nach dem Abitur schlägt Richard Deeken eine Offizierslaufbahn ein. Er
wird an die Neue Kriegstechnische Akademie in Berlin berufen. Dort absol-
viert er u. a. eine Ausbildung zum Dolmetscher für Englisch, Französisch und
Italienisch, die ihn auch nach Amerika und Belgien führt. Zusammen mit

---

2 Diese Zusammenfassung des Lebens von Richard ist stark an die durch Rosemarie Vespermann-Deeken verfasste auf http://www.deeken-samoa.de veröffent-
lichte Biografie angelehnt. Sie wurde durch weitere Quellen ergänzt. Insbesondere
der Konflikt zwischen Richard und Solf ist aus heutiger Sicht nicht eindeutig re-
konstruierbar.

Prof. Dr. Rothenbücher verfasst er den »Englischen Militärdolmetscher« für die Akademie. Dieser wird auch beim Boxeraufstand in China verwendet.

1900 Der Ausbruch einer lebensbedrohlichen Erkrankung der Lunge zwingt Deeken zu einem neunmonatigen Aufenthalt in Italien und Portugal und danach zu einer einjährigen Reise in die Südsee. Zu deren Finanzierung beschafft er sich Sammlungsaufträge von deutschen Museen, insbesondere des Berliner Museums für Naturkunde, und schreibt Berichte für deutsche Zeitungen über die neuen deutschen Kolonien in der Südsee. Zusätzlich erhält er von dem bekannten deutschen Konsul Kunst einen Inspektionsauftrag für dessen Pflanzungen auf Hawaii und Samoa. Er reist über Hawaii, Australien und Neuseeland nach Samoa und bereist die Marschall-, Karolinen- und Palauinseln.

1901 Deeken kehrt nach Deutschland zurück. Aus gesundheitlichen Gründen muss er sich vom Militärdienst verabschieden und wechselt in eine Stellung »à la suite« als Reserveoffizier. Seine Ärzte empfehlen ihm u. a. wegen seines Asthmas dringend, das Klima in Deutschland zu meiden. Daraufhin begibt sich Deeken auf Vortragsreisen durch ganz Deutschland, um für die Gründung einer Aktiengesellschaft zu werben und sich so eine neue Existenzgrundlage außerhalb Deutschlands zu schaffen. Deekens Buch »Manuia Samoa – Heil Samoa« erscheint und löst in Deutschland eine Samoa-Begeisterung aus.

1902 In Berlin gründet Deeken die DSG, eine Aktiengesellschaft zum »Zwecke des Kakaoanbaus«, deren Direktor auf Samoa er von 1902-1910 ist. Die Gesellschaft wird nie eine Dividende auszahlen. Die Möglichkeiten des wirtschaftlich rentablen Plantagenanbaus auf Samoa sind zu begrenzt und werden durch Richard Deeken überschätzt. Die deutschen Siedler, die häufig mit wenig Kapital Deekens Ruf nach Samoa folgen und nach seinen Versprechungen auf großen Reichtum hoffen, sind enttäuscht von den Anbaumöglichkeiten und der Knappheit an einheimischen Arbeitskräften. Deeken fordert daraufhin den Gouverneur Samoas, Wilhelm Solf, auf, mehr Land und Arbeitskräfte, beispielsweise in Form von Zwangsarbeit für die einheimische Bevölkerung, bereit zu stellen. Solf verweigert dies jedoch, da er durch den Ansturm von deutschen Siedlern das sensible Gleichgewicht zwischen einheimischen und europäischen Pflanzern bedroht sieht.

Da die stolzen Samoaner nicht regelmäßig auf fremden Pflanzungen arbeiten wollen und die eingeführten melanesischen Arbeiter nur auf den Pflanzungen der Deutschen Handels- und Plantagen Gesellschaft (DHPG) arbeiten dürfen, holt Deeken schließlich mit Erlaubnis der Regierung in Berlin einen Transport mit dreihundert chinesischen Kontrakt-Arbeitern aus China nach Samoa. Zweihundert Arbeiter gibt Deeken an andere Pflanzer weiter. Da die Chinesen sich gut bewähren, übernimmt die Kolonialregierung von Samoa die nächste Anwerbung und den Transport von Arbeitern aus China schon drei Jahre später. Ein Krankenhaus eigens für die chinesischen Arbeiter wird errichtet. Die chinesischen Arbeiter sind für die Pflanzer kostbar, nicht nur wegen der teuren Reisegelder und Gebühren, sondern insbesondere wegen ihrer wichtigen Aufgabe bei der Instandhaltung der Plantagen. Deekens Bemühungen haben zur Folge, dass das Geschäftswesen Samoas heutzutage fast ausschließlich in den Händen der Nachfahren chinesischer Kontraktarbeiter liegt. Dagegen stellen die Nachfahren der auf den Plantagen der DHPG isoliert gehaltenen melanesischen Arbeiter heute eine arme Unterschicht auf Samoa dar.

Kurz vor der Ausreise nach Samoa heiratet Deeken Elisabeth Boese in Köln.

1903 Das erste Kind der Deekens, Else Josepha Moana, wird geboren. Sie wird die Patentochter des letzten Königs von Samoa, Mata'afa Josefo.

Die deutschen Pflanzer auf Samoa gründen unter dem Vorsitz Deekens einen genossenschaftlichen Pflanzerverein. Dieser Verein soll die Interessen der wenigen kleinen Pflanzer, die es in der jungen Kolonie Samoa schwer haben, gegenüber dem Gouverneur Solf besser vertreten, da Solf die große DHPG favorisiert, die im Gegensatz zu den Pflanzerfamilien kaum Schwierigkeiten hat. In der Resolution des Vereins fordert Deeken u. a. eine achtmonatige Zwangsarbeit der einheimischen samoanischen Bevölkerung auf Plantagen der Deutschen. Dies wird von Solf abgelehnt.

1904 Die Konflikte zwischen Deeken und dem Gouverneur Solf weiten sich auch auf andere Bereiche aus. Deeken fordert die deutschen Pflanzer auf, gegen die angeblich ungerechte Behandlung durch die Kolonialverwaltung Samoas zu protestieren. Ein weiterer Anlass der Konflikte ist die Unzufriedenheit einiger Pflanzerfamilien über die englische Unterrichtssprache in den englischen evangelischen Missionsschulen in der nun deutschen Kolonie. Im Gegensatz zur englischen Mission stellt sich die französische katholische Maristen-Mission um und lässt Brüder für Samoa im neu gegründeten Maristenkloster in Meppen ausbilden.

Der Konflikt zwischen Solf und Deeken geht bis auf das Jahr 1901 zurück, da der Gouverneur Deekens Pläne zum Aufbau der Kolonie Samoa als Siedlungskolonie von Anfang an ablehnt. Deekens Haltung spiegelt dabei vor allem eine rein auf die Interessen des deutschen Volkes ausgerichtete Gesinnung wider, welche die möglichst gewinnbringende Ausbeutung von Boden und Einheimischen in der Kolonie vorsieht. Dies steht entgegen der von Solf initiierten Land- und Titelkommission, die Rechtsansprüche überprüft und die Landrechte der Einheimischen gegenüber deutschen Siedlern zu stärken versucht.

Deeken wird wegen »schwerer Misshandlung« seiner chinesischen Arbeiter sowie Beleidigung des kaiserlichen Gouverneurs Solf angeklagt und zu einer Gefängnisstrafe im neu erbauten Gefängnis für Weiße auf Samoa verurteilt. Das Gefängnis mit Wellblechdach unter der Tropensonne hätte bei zwei Monaten Haft für Deeken mit seiner immer noch schwachen Lunge den Tod bedeuten können. Allerdings wird Deeken eine Teilbegnadigung durch den deutschen Kaiser zuteil. Die Strafe wird in eine Ehrenhaft[3] auf der Festung Ehrenbreitstein bei Koblenz umgewandelt. Dies erfolgt durch die Intervention des Großherzogs von Oldenburg, dessen Orden Deeken trägt, mit Unterstützung der bekannten Zentrumsabgeordneten Matthias Erzberger und Karl Trimborn. Letztgenannter ist ein Cousin von Deekens Frau, die sich stark für ihren Mann einsetzt. Der einzige Bruder von Richard Deeken, der spätere Major Dr. jur. Matthias Deeken, trifft im November 1904 in Samoa zu Hilfe der verzweifelten Familie Deeken ein. In einem Schreiben vom 2. August 1905 aus dem Auswärtigen Amt in Berlin, Kolonialabteilung heißt es wörtlich: »[...] in Apia vom 3. August 1904 gegen Sie erkannte Gefängnisstrafe von zwei Monaten in Gnaden in eine Festungshaft von gleicher Dauer umzuwandeln [...].«

---

3 Ein Ehrenhäftling muss nur nachts in den Offiziersstuben anwesend sein.

DIE HINTERGRÜNDE DES PROZESSES

»Deeken konnte als Einziger in der Kolonie Samoa Solf das Wasser reichen!«[4] Um seinen stärksten Widersacher, der darüber hinaus gute Verbindungen zur Presse in Deutschland und zum Deutschen Reichstag hatte, zum Weggang aus Samoa zu zwingen, initiiert Solf über seinen chinesischen Koch eine Revolte einiger der chinesischen DSG-Kontraktarbeiter. Diese bedrohen nachts vor dem Direktionsgebäude im großen Pflanzungsbezirk, das achthundert Meter hoch und einsam in den Urwaldbergen gelegen ist, Deeken und seine junge Familie. Daraufhin vertreibt Deeken sie in seiner Not mit einer Kutscherpeitsche.

Dies wird ihm als schwere Misshandlung angelastet. Deswegen wird er vor dem Kaiserlichen Obergericht in Apia angeklagt, dessen oberste Gewalt, ebenso wie über die Zeitung, der Gouverneur innehat. Als Deeken über die Hintergrundrolle des chinesischen Kochs von Solfs aussagt, wird er zusätzlich wegen Gouverneursbeleidigung angeklagt. Die Informationen über Solfs Rolle in dieser Angelegenheit bekommt Deeken von einem sehr zuverlässigen chinesischen Hausangestellten, der das besondere Vertrauen der Familie genießt.

Diesem Prozess gingen weitere Gängeleien voraus. Beispielsweise lies Solf die englische Hebamme, die Deekens Frau im zwei Reitstunden entfernt von Apia gelegenen Direktionsgebäude im Mai 1904 bei der Geburt des zweiten Kindes beistand, nach Apia zurückbeordern, um eine Urkunde in einer Familiensache zu unterschreiben. Glücklicherweise hatte sie den Mut und konnte es sich als Engländerin leisten, sich diesem Befehl zu widersetzen, »weil sie eine Wöchnerin mit einem Neugeborenen und einem einjährigen Kleinkind nicht im Stich lassen« wollte. Ein anderes Beispiel waren die plötzlichen Schwierigkeiten für Deeken, die Pferdefuhrwerke mit der täglichen Nahrung für seine hundert chinesischen Arbeiter hinauf in die Pflanzungen zu bekommen. Eines Tages wurden beide Zufahrtswege gesperrt, da auf beiden gleichzeitig Wegearbeiten auf Anordnung des Gouverneurs ausgeführt wurden.

1905 Deeken reist mit seiner Frau und seinen beiden auf Samoa geborenen kleinen Kindern zwei Monate lang per Schiff nach Deutschland, um die eben-

---

4 Dieses Zitat entstammt einem Interview Rosemarie Vespermann-Deekens mit dem australischen Professor Dr. Peter Hempenstall, einem Biografen Solfs.

so lange Ehrenhaft anzutreten. Währenddessen macht die Familie bei den Großeltern Dr. Boese in Köln nahe dem Kölner Dom Urlaub. Anschließend kehren die Deekens sofort wieder zu den Pflanzungsbezirken der DSG nach Apia auf Samoa zurück.

1908 Deeken wird in den Gouvernementsrat von Samoa gewählt. Daraufhin reicht der Gouverneur Solf ein Rücktrittsgesuch an den Kaiser wegen Vertrauensverlusts in der deutschen und englischen Bevölkerung ein. In Folge dessen verzichtet Deeken auf die Position im Gouvernementsrat.

1910 Familie Deeken kehrt nach Deutschland zurück, damit die inzwischen fünf Kinder deutsche Schulen besuchen können. Sie ziehen nach Miltenberg am Main, wo es alle notwendigen Schulen gibt. Es wird ein großes Landhaus in einem weiten ehemaligen Weinberg über dem Main in einer gesundheitlich günstigen Windlage gebaut. Das Haus ist noch heute in Familienbesitz und denkmalgeschützt.

1911-1914 Deeken studiert Kolonialgeographie, tropische Landwirtschaft sowie Kolonialpolitik und promoviert über »Die Bodennutzung auf Samoa« an der Maximilian-Universität zu Würzburg. Sein Ziel ist es, in die Kolonialpolitik zu gehen. Die mündliche Prüfung findet am 25. Juni 1914 statt. Die Dissertation erhält die zweitbestmögliche Note magna cum laude. Parallel dazu wirkt Deeken als Herausgeber des »Weltkunde- und Weltwirtschaftsanzeigers«.

1912 Deeken ist Mitbegründer und einer der beiden Direktoren der Forst- und Kolonialschule in Miltenberg am Main mit Lehrtätigkeit. Diese wird nach dem Ersten Weltkrieg noch einige Jahrzehnte lang als Forstschule fortgeführt.

1913-1914 Im Herbst 1913 bis Frühjahr 1914 erfolgt Deekens vierte und letzte Schiffsreise um die Welt nach Samoa. In seiner Position als Vorstandsmitglied des Aufsichtsrats der DSG inspiziert er die dortigen Pflanzungsbezirke. Dazu bereist er die Tonga- und Fidji-Inseln, das Bismarck-Archipel und das Festland von Neuguinea. Im selben Jahr erscheint Deekens rassenpolitischer Roman »Rassenehre«, in dem er sich gegen »Mischehen« zwischen Samoanerinnen und deutschen Siedlern ausspricht.

1914 Zu Beginn des Ersten Weltkriegs fällt Deeken am 28. August 1914 im Alter von vierzig Jahren an der Westfront in der Schlacht von Serres. Er hinterlässt umfängliche schrifstellerische Werke, die er parallel zu seinen immensen praktischen Arbeitsanforderungen verfasste. Sein Nachlass umfasst insgesamt sechs Bücher und 135 Abhandlungen, Aufsätze und Artikel, insbesondere zur Kolonialgeografie, der tropischen Landwirtschaft und Kolonialpolitik.

Else im Kreis ihrer sechs Kinder, vermutlich um 1915

Else gemalt von ihrer jüngsten Schwester Ada Boese,
vermutlich um 1905

Else am Strand von Apia

ELSE DEEKEN

Elisabeth Bertha Hermine Deeken geborene Boese, genannt Else oder Ella
* 10. Juli 1879 in Köln als Tochter des Dr. med Julius Eduard Boese und der
Maria Elisabeth Eleonore Boese geborene Jungbluth
† 29. November 1958 in Miltenberg am Main

LEBEN[5]

Else verlebt eine »sonnige goldene Kindheit- und Jugendzeit«. Besonders in Erinnerung bleiben ihr die Ferien in Bodendorf, wo die Eltern ein kleines Landhaus hatten. In Köln besucht sie eine höhere Töchterschule und verbringt anschließend ein Jahr im Sacre Coeur Pensionat in Blumental.

1902 Nach der Verlobung mit Richard Deeken am 7. Februar 1902 heiratet sie ihn knapp fünf Monate später am 5. Juli dieses Jahres. Zehn Tage nach der Hochzeit tritt das frischgebackene Ehepaar die Reise zur Auswanderung nach Samoa an. »Die Pionierjahre in der Südsee« werden laut ihrer eigenen Erinnerungen zu ihren »schönsten und glücklichsten Erinnerungen« zählen.

1910 Das Ehepaar verlässt die »geliebte zweite Heimat« mit den auf Samoa geborenen fünf gemeinsamen Kindern und kehrt nach Deutschland zurück.

1911 Die Familie lässt sich in Miltenberg nieder. Das sechste und letzte Kind wird geboren. Im darauffolgenden Jahr beginnt der Bau des Hauses auf dem Grauberg in Miltenberg.

1914 Elses Ehemann Richard fällt in der Schlacht von Serres. Die sechs gemeinsamen Kinder sind zu diesem Zeitpunkt zweieinhalb bis dreizehn Jahre alt. Die Familie erhält Witwen- und Waisenrente und bleibt im Haus auf dem Grauberg wohnen. Der Besitz auf Samoa ist verloren. Um den Unterhalt des Hauses und der Familie zu finanzieren, eröffnet Else eine kleine Sommerpen-

---

5 Diese Zusammenfassung des Lebens von Else basiert auf ihren eigenen im Familienbuch niedergeschriebenen Erinnerungen, die durch Jahresangaben ergänzt wurden.

sion im Graubergbaus und vermietet Zimmer an Sommergäste. Parallel setzt sie das umfangreiche schriftstellerische Werk ihres Mannes fort. Über diese Zeit schreibt sie später: »Es waren genug Sorgen da, aber immer wurden sie irgendwie gemeistert.« Alle ihre Kinder heiraten.

1933-1948 Beim Regierungsantritt Hitlers sah Else noch »bessere Zeiten« kommen, später durchlebt sie den zweiten Weltkrieg »mit seinen Schrecken und seinem furchtbaren Ausgang« sowie die Besatzung und zweite Inflation.

Lebensabend Als über Siebzigjährige schreibt Else Deeken im Rückblick auf ihr Leben: »Ich stehe an meinem Lebensabend, aber ich kann nicht sagen, dass ich auf zertrümmerte Hoffnungen sehe. Ich sehe auf manchen Kummer und Sorgen, auf Fehler und Verschulden, aber auch auf so viele, viele schöne, liebe Erinnerungen zurück. Ich bin geliebt von meinen guten und braven Kindern und Schwiegerkindern, die ihrerseits auch ihr Päckchen Sorgen zu tragen haben, und bin umringt von einer blühenden Enkelschar. Ich habe allen Grund Gott für alles zu danken. Er machte alles gut und richtig.«

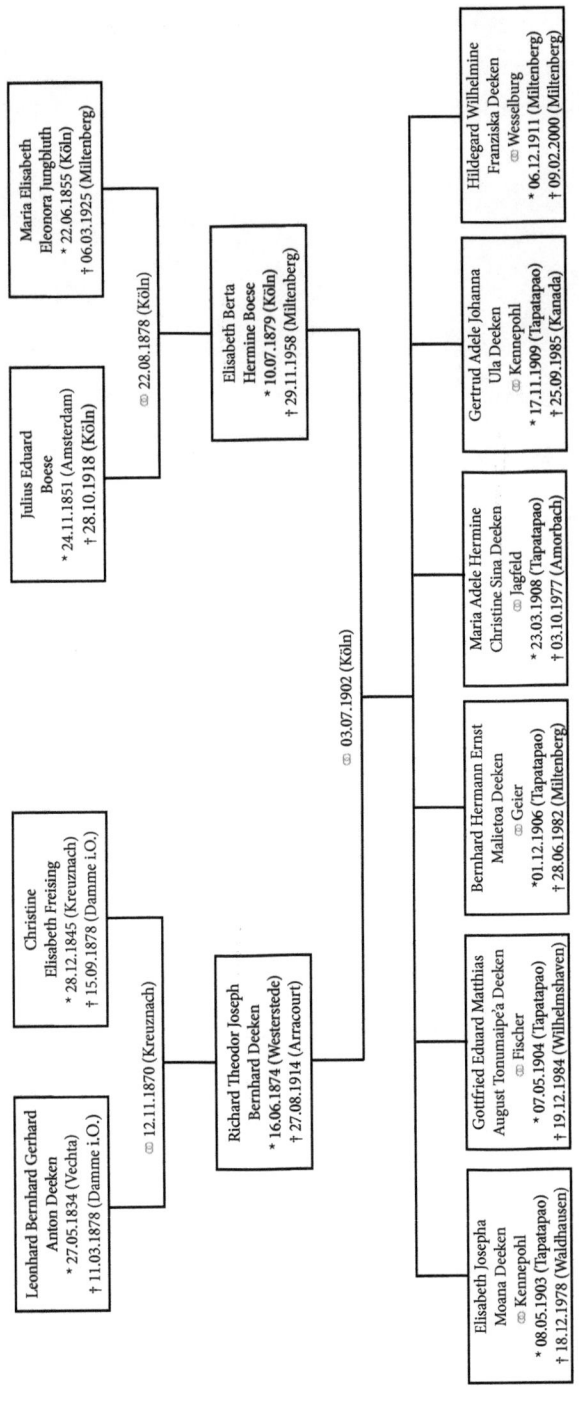

Auszug aus dem Stammbaum der Deekens

Reiseroute der Deekens 1902

Die markierten Stationen sind Köln, Bremen, New York, Chicago, San Francisco, Honolulu, Pago Pago

ELSE DEEKEN: AUFZEICHNUNGEN ÜBER DIE ERSTE ZEIT IN SAMOA

DIE REISE VON DEUTSCHLAND NACH SAMOA

VON DEUTSCHLAND NACH HAWAII

Freitag, den 11. Juli 1902

Nun war Abschied genommen. Da standen sie alle, alle die Lieben, auf dem Bahnsteig und winkten. Alle hielten sich tapfer, nur lächelnde Gesichter sollten mir in Erinnerung bleiben. Was sie gekostet, konnte ich nicht mal an mir selber ermessen, die ich auszog in die unbekannte Ferne, das unbekannte Leben, in die neue Heimat! Ich hatte das alles doch selbst gewählt!

Die Zurückbleibenden fühlten die Lücke, hatten die Sorge um das bis dahin so treu behütete Kind, das noch keine Enttäuschung erlebt, noch keine Sorgen kennengelernt hatte, das noch ganz unselbständig war. Freilich, da war der Mann, der Schwiegersohn, dem man volles Vertrauen schenkte, das tröstete!

Derweilen raste der Zug nach Norden. Noch viele Stationen wurden gemacht, überall wurde ich Familienmitgliedern und Freunden Vaters im Fluge vorgestellt, überall wurde Abschied genommen, Abschied der mir nicht viel bedeutete und doch immer wieder den ersten neu erleben ließ. Betäubt vom Abschiednehmen, von den vielen neuen Eindrücken ließ ich alles willenlos über mich ergehen. In Oldenburg bei Vetter Augustin hob ich als jüngstes Familienmitglied das eben geborene Töchterchen aus der Taufe, Agnes. Dann endlich kam Bremen, der NDL[6]-Dampfer »Kronprinz«, damals der größte und schnellste Passagierdampfer, der eben von seiner Jungfernfahrt zurückgekehrt war, – und das Meer! Die Abfahrt großer Passagierdampfer aus Welthäfen, die

---

6 Der Norddeutsche Lloyd war eine 1857 gegründete deutsche Reederei, die 1970 mit der Hamburg-Amerikanischen Packetfahrt-Actien-Gesellschaft (HAPAG) zur Hapag-Lloyd AG fusionierte.

Seefahrt auf den äußerst bequemen und luxuriösen Schiffen des NDL sind so oft beschrieben worden, dass ich darüber weggehen kann.

Wer aber kann sich heute vorstellen, dass ich im Jahre 1902 ohne Pass, nicht einmal als Ehefrau eingetragen in den einfachen Militärpass meines Mannes, unbehelligt um die halbe Welt reiste? Wer heute nicht von jedem Konsulat eines jeden kleinsten Staates, den er auf der Durchfahrt berührt, deklariert und gestempelt ist, der kommt nicht weit, hat wenigstens mit Schwierigkeiten über Schwierigkeiten zu kämpfen. Wie einfach war doch das Reisen! Natürlich, Geld musste man auch damals schon haben, denn in New York musste man eine bestimmte Summe vorweisen können, um in das Land der Freiheit einzugehen, und ebenso musste man beweisen, dass man lesen und schreiben konnte. Dagegen machte der Zoll auch früher schon viele Unbequemlichkeiten. So hatten wir nichts von der herrlichen Einfahrt in den Hafen von New York, da uns währenddessen die Zollbeamten in den Klauen hatten und wir feierlich beeiden mussten, nichts Zollpflichtiges bei uns zu haben. Dafür waren sämtliche Passagiere auf einmal in die diversen Speisesäle zusammengetrommelt worden und mussten dort warten, bis sie an die Reihe kamen und auch alle übrigen abgefertigt waren. Danach wurden alle von der Gesundheitspolizei inspiziert.

Ja, vom Zoll kann ich noch ein Geschichtchen erzählen! Der »Kronprinz« war eine kleine schwimmende Stadt mit einer ganz stattlichen Bevölkerung, die den mächtigen Zollschuppen des NDL in Hoboken[7], in den sie unter der liebevollen Führung der Stewards hinein getrieben wurden, füllten wie einen Ameisenhaufen. Jeder suchte sein Gepäck unter den weithin sichtbaren Anfangsbuchstaben seines Namens und musste nun warten, bis die Zollbeamten ihn abgefertigt hatten. Da meinte nun Vater, die lange Wartezeit benützen zu können, um die Fahrkarten nach Chicago zu besorgen, wohin wir schon anderntags weiterfahren wollten. Ich sollte bei unserm Gepäckberg, der nicht allein meine Aussteuerkisten enthielt, sondern auch mächtige Kisten voller Konserven, Getränke, Handwerkszeug und mehr, dazu noch ein großes Zelt, als Notwohnung für die erste Zeit gedacht, bleiben, ihn bewachen, und mich mit keinem Zollbeamten einlassen, da ja bis auf wenig Handgepäck alles unter Zollverschluss nach San Francisco durchreisen sollte. Vater war schon einmal

---

7 Stadt am Hudson River in New Jersey gegenüber von Manhattan

in New York gewesen und glaubte, mit seiner Lokalkenntnis bald zurück zu sein. Er hatte nicht gedacht, dass er drei Stunden ausbleiben würde, denn die Entfernungen der Riesenstadt und die Umständlichkeiten bei den Bahnen, die keine einheitlichen Staatsbahnen, sondern Gesellschaftsbahnen waren, hatte er erheblich unterschätzt. Ich stand da, ein Pünktchen unter den Tausenden, ein Zwerglein neben meinem Kistenberg, aus dem als lange Wurst das Zelt hervorsah. Um mich herum wurde es allmählich leerer, die Zollbeamten kamen immer öfter und unser Kabinensteward hatte sich mehrmals angelegentlich nach dem Verbleib meines »Herrn Gemahls« erkundigt. Schließlich war ich ganz allein noch übrig, umstanden von sechs Zollbeamten, die alle gerne Schluss gemacht hätten und zum Lunch gegangen wären. Die mächtigen Tore, das Eingangstor auf der einen, das Ausgangstor auf der entgegengesetzten Seite, schienen sich in der Ferne wie zwei bösartige Augen zuzublinzeln. Ich war todmüde von dem Gewimmel und Gewirr der verflossenen Stunden und hungrig und durstig, da kam unser Kabinensteward und teilte mir mit tröstender Stimme mit, er habe mit dem Kapitän gesprochen, man wolle mich mit dem »Kronprinzen« wieder mit nach Hause nehmen, denn mein Mann würde wohl nicht wiederkommen! Ich lachte: »Bestimmt kommt er wieder, er besorgt doch nur die Fahrkarten nach Chicago!« Er darauf, unterstützt vom Kopfnicken sämtlicher Zollbeamten: »Ja, das sagen sie alle, wenn sie ihre jungen Frauen verlassen und durchgehen!« Da, als die Situation dramatisch zu werden drohte, erspähte ich am Ausgangstor eine kleine schwarze Ameise, die schnell größer wurde und eine große Tüte verheißungsvoll schwenkte mit einem Kilo herrlicher Pfirsiche zum Trost und zur Stärkung. Das andere war dann alles schnell erledigt.

Aber ich erlebte noch mehr in jenen langen Wartestunden. Vater hatte mich kaum verlassen, als ich von einem Herrn angesprochen wurde, dessen Englisch ich kaum verstehen konnte. Er sprach amerikanisches Englisch, das war, als ob er eine heiße Kartoffel im Munde habe. Nach standhaften Versuchen seinerseits und größten Anstrengungen meinerseits hatte ich endlich kapiert, dass er Abgesandter einer Miss Slone, einer lieben Freundin Vaters aus seiner Berliner Zeit, sei, die uns gerne treffen wollte. Ich konnte nichts tun, als ihm unser Hotel anzugeben, denn wir hatten noch keinen Tagesplan gemacht.

Es war drei Uhr geworden, als wir ins Hotel kamen, zu spät zum Lunch, zu früh fürs Dinner. Seit dem Frühstück hatten wir nichts mehr genossen. Wir

21

hatten den Zoll und die Gesundheitspolizei über uns ergehen lassen müssen, hatten Abschied von manchen Reisebekanntschaften genommen, unser Kabinengepäck dem Steward übergeben und uns von der Menge gegen zehn Uhr in die Zollhalle schieben lassen. Jetzt war unser größter Wunsch, uns durch ein Bad zu erfrischen, denn es war erstickend heiß. Bad und Toilette gehörten mit zu unserem Zimmer auf dem fünfzehnten Stockwerk. An unserem Fenster zum Lichthof hinaus liefen eiserne Feuerleitern lang, im Falle, dass ...? Ob ich in der schwindelnden Höhe diese nur fußbreiten und schritthohen dünnen Sprossen wohl gefasst hätte?

Dann gingen wir unseren Hunger stillen und ich lernte eine Merkwürdigkeit New Yorks kennen, wenigstens des New Yorks um die Jahrhundertwende. Restaurants, wie wir sie von Europa gewohnt waren, gab es da nicht, nur einige wenige, die aber sehr teuer waren, um dadurch die Gesellschaft exklusiv zu halten. Sonst gab es nur Bars, deren Türen Schwingtüren waren, an denen das untere Drittel fehlte, sodass man die Beine der Durstigen sehen konnte. Damen konnten dahin nicht gehen, »oh shocking«. »For Ladies« gab es verschwiegene Nebeneingänge, die gleich zum oberen Stockwerk führten und hier durften wieder keine Herren hinein! Aber es gab meist noch ein kleines Nebengemach, noch verschwiegener, wo wir zusammensitzen und essen und sogar verschwiegen eine Flasche Bier trinken konnten.

Wir bummelten noch ein wenig durch die Straßen, deren ungehemmter, rücksichtsloser Verkehr mich verwirrte (dabei gab es damals nur selten ein tutendes Autoungeheuer) und deren Schmutz und Gestank selbst in den Hauptverkehrsstraßen mich von einem Erstaunen ins andere warfen. Die Wolkenkratzer imponierten mir nicht, da ich sie hässlich fand. Putzig erschienen mir die vielen hübschen, meist grünbewachsenen Kirchen, die mit ihren Türmen neben den Hochhäusern wie aus einem Kinderbaukasten hingesetzt aussahen. Alle waren auch baumumstanden und von einem kleinen, grünen Rasenfleck umgeben, was wohltuend auf die Sinne wirkte. Die Aussicht vom Turme des höchsten Wolkenkratzers »World« zeigte uns die schöne Lage der Riesenstadt auf den verschiedenen Inseln. Menschen, Pferde und Wagen sah man nur in Ameisengröße, aber der Lärm und die Düfte erreichten uns selbst in dieser luftigen Höhe.

Als wir ins Hotel zurückkamen, wartete Miss Slone schon auf uns und wenig später kam ihr Bräutigam, eben der Herr, mit dem ich mich am Morgen so schwer verständigt hatte. Wir gingen zusammen in eines der teuren Restaurants zum Dinner. Es war ganz großartig aufgemacht für richtige Dollarmillionäre: Stuckwände reich mit Gold verziert, der Fuß sank tief in weiche rote Teppiche ein, schwere rote Plüschgardinen verhüllten die Fenster, vergoldete Säulen trugen die vergoldete Decke, rote Plüschsessel und Sofas umstanden weiß gedeckte und blumengeschmückte Tischchen und, oh Graus, bei jeder Sitzgelegenheit stand ein blitzender, blinkender Messingspucknapf von wegen des »chewing gums« (des Gummikauens). Jeder und alle kauen, Jung und Alt, Arm und Reich, elegante Damen und Dandys, überall sah man die typische Mundbewegung und hörte man das leise knallende und schmatzende Geräusch, wenn sich die Zähne von der zähen Masse lösten.

Wir waren ziemlich zeitig da, der eigentliche Betrieb begann erst mit Schluss der Theater und Konzerte. So wurde jeder von einem besonderen Kellner bedient und dieser hatte wieder jeder für sich einen Pikkolo zur Unterstützung hinter sich stehen. Man kann sich diese herrliche Ungemütlichkeit vorstellen! Aber die lebhafte Unterhaltung zwischen Miss Slone und Vater erlitt dadurch keine Hemmung und als mit den Essensresten auch die Kellner verschwanden und wir bei einem Glase Wein noch zusammensaßen, wurde es wirklich noch sehr nett. Unsere Ankunft hatte Onkel Matthis bekanntgegeben mit dem Steckbrief für Vater: Dicker Bär!

Nun noch ein wenig zur Vorgeschichte zu Vaters Freundschaft mit Miss Slone. Als junger Offizier hatte Vater ein Kommando zur Artillerieschule in Berlin. Hier bereitete er sich neben den militärischen Studien auf das englische und französische Dolmetscherexamen vor, denn sowohl er wie sein Bruder Matthis waren sehr strebsam und lerneifrig. Onkel Matthis studierte zur selben Zeit in Berlin Jus[8]. Er war als Pionierleutnant aus der Armee ausgeschieden, weil ihm bei einer vorzeitigen Sprengung das Trommelfell des rechten Ohres geplatzt war und seine vom Vater ererbte Unentschlossenheit ihn zu einem neuen Beruf drängte.

Großvater Deeken war außerordentlich begabt. Als Gymnasiast konnte er zweimal eine ganze Klasse während des Schuljahres überspringen und machte noch vor seinem siebzehnten Geburtstage sein Abitur. Dann studierte er viermal wechselnd Theologie und Jura und starb als Justizrat mit 44 Jahren.

---

8 Jura

Die beiden Brüder mieteten in Berlin eine kleine Wohnung und richteten sie mit den elterlichen Möbeln ein. Beide Pflegeeltern waren damals schon tot. Dann suchten sie durch die Zeitung ein weibliches Wesen, das ihnen den Haushalt führen sollte. So saßen die beiden eines Sonntagmorgens auf dem Sofa und ließen, von Vaters Burschen mit weißbaumwollenen Handschuhen an den Fingern hereingeführt, die Frauen und Mädchen Revue passieren, die sich gemeldet hatten. Als besonderen Wunsch verlangte die Anzeige in der Zeitung, dass die Bewerberin entweder englisch oder französisch sprechen konnte, denn praktisch waren sie immer, sie wollten gleich zwei Fliegen mit einer Klappe fangen! Also wurde eine jede auch daraufhin geprüft, aber nichts Passendes wollte sich finden. Meistens waren sie zu jung und hübsch, oder versuchten wenigstens ihre Reize recht verführerisch zu zeigen. Endlich schob sich ein bescheidenes, kleines, schon etwas verdrücktes Wesen schüchtern zur Tür herein: das gute, liebe Mamsellchen Müller, die ich auch einige Jahre später in Berlin kennen und lieben gelernt hatte. Das unscheinbare Mamsellchen mit dem »Pariser Wasserfall«, denn ihr Mund stand selten still, hatte über allen den Vogel abgeschossen. Ihre Haushaltskunst war nicht groß. Mit Schaudern sah ich noch von ihr geflickte Strümpfe und Unterhosen! Beim Kochen halfen ihr die Brüder und der Bursche. Auch ihr Ordnungssinn war nicht weit her, aber treu und ehrlich und rührend anhänglich war sie.

Damals war sie in großer Not, denn wer wollte das verschüchterte Ding, aus dem kanonischen Alter schon heraus, als Kinderfräulein anstellen? Treue Freundschaft verband uns noch über den Tod Vaters hinaus bis zu ihrem Tode. Sie hatte uns auch einmal, etwa im Jahre 1915, begleitet von der Frau ihres Neffen, Hauptmann Müller, aus Aschaffenburg hier in Miltenberg besucht und blieb auch ein paar Tage, immer in Erinnerungen schwelgend von ihren beiden lieben »Lieutenants«. Schon recht alt und verbraucht war sie damals und sie starb nach wenigen Monaten. Sie war von deutschen Eltern und hatte ihre Kindheit und Jugend in Paris verbracht.

In Berlin gab es und gibt es gewiss noch heute Fremdenpensionen, in denen hauptsächlich Ausländer lebten, die Deutsch lernen wollten. Die Inhaberin einer solchen Pension bot ihren Schützlingen auch gesellschaftlichen Anschluss und so kamen Vater und Onkel Matthias dorthin, denn sie wollten ja englisch und französisch sprechen lernen. Hier machten sie die Bekanntschaft einiger Amerikanerinnen, die die Berliner Musikschule besuchten. Miss Slone war mit Mutter und Schwester in dieser Pension. Sie war neben ihren Mit-pensionärinnen wie ein kleines Mauerblümchen und tat dem Freund Vaters, Oskar Huber, leid, weshalb er bei sonntäglichen Ausflügen oder abendlichen Vergnügungen ihr Kavalier war. Nie hatte er mehr als freundschaftliches Mit-leid mit ihr empfunden, aber sie hatte sich sterblich in ihn verliebt. Und auch an diesem Abend in New York kam sie immer wieder auf Oskar Huber zurück, trotz des Bräutigams. Von diesem meinte sie, er sei ein guter, treuer Bursche und habe Geld, aber sie wollte doch lieber Oskar Huber heiraten und habe die-sen hier mehr als Freund, weil sie sonst in New York nichts vom Leben hätte. Alle Ermahnungen Vaters hatten keinen Erfolg. Ein Jahr später erreichte uns ihre Todesanzeige: Sie hatte sich vergiftet.

Anderntags, den 23. Juli, fuhren wir um die Mittagszeit nach Chicago wei-ter. Eines dieser flotten, zweisitzigen, halboffenen Cabs, wo die Fahrgäste vor dem Kutscher sitzen und die Zügel über das Dach geführt werden, brachte uns und unser Gepäck zum Bahnhof. Hier herrschte reges Leben und Treiben und so früh wir auch gekommen waren, so hatten wir nicht zu viel Zeit, um alles zu besorgen. Wir begrüßten auch einige Bekannte vom Schiff her, deren Endziel Chicago war.

Das Zugpersonal bestand aus Negern, alles großgewachsene, gutaussehen-de Männer, die mit einer gewissen stolzen Sicherheit die Menge dirigierten und auf ihre Plätze wiesen. Die durchgehenden Züge der Pacific-Eisenbahn[9] waren sehr bequem eingerichtet. Wir bekamen jeder eine zweisitzige, breite Polsterbank für uns. Nachts wurde ein Polsterstück zwischen die beiden Bänke geschoben, von oben das zweite Bett herabgelassen und davor ein schwerer Vorhang mit Lederbesatz gezogen und fertig war das Schlafkabinett. So waren etwa zehn bis zwölf Kabinen in einem Waggon und jeder war doch für sich allein. Den Vorhang konnte man mittels einer Schnalle schließen.

Natürlich gab es auch Erster-Klasse-Abteile. Da teilten sich höchstens zwei ein Abteil. Für eine viertägige Fahrt aber ist es gewiss amüsanter, Reisegefähr-ten zu haben, die man aber nicht zu bemerken brauchte. Speisewagen, wie die der Mitropa[10], Rauchsalon mit bequemen Klubsesseln und Rauchtischchen,

---

9 Die Central Pacific Railroad war eine 1861 gegründete Eisenbahngesellschaft im Westen der USA.

10 Die Mitteleuropäische Schlaf- und Speisewagen Aktiengesellschaft war eine

Schreibwagen mit dazugehöriger Ausrüstung von mehreren Schreibtischen, Toiletten mit Waschräumen für Damen und Herren und am Schluss des Zuges ein Aussichtswagen mit Halbwänden und einer Plattform ohne Dach, auf der man furchtbar einstaubte und von Ruß überschüttet wurde, wurden mitgeführt.

Die kleinen Treppchen, die an Stelle der fehlenden Rampen vor jeder Abteiltür standen, wurden von den Schaffnern hereingeholt und ohne weiteres Abfahrtszeichen setzte sich der Zug in Bewegung. Wir richteten uns in unserem Abteil gemütlich ein, die Koffer standen unter den Sitzen und bewunderten dann den Hudson, an dem wir lange Stunden vorbeifuhren. Er erinnerte sehr an den Rhein, doch gab es damals weder Dörfer noch Städte auf stundenweiten Strecken an seinen lieblichen Ufern. Alles schien unberührt, die sanften Berge dicht bewaldet. Ja, hier hatte einst Lederstrumpf gelebt und seine Abenteuer bestanden! Nur ab und zu erspähte man ein Zelt oder ein kleines Wohnboot. Junge Leute oder auch Familien machten hier »Camping«. Sie verlebten ihren Urlaub in der freien Natur. Damals kannte man in Europa noch nicht die Bewegung der Wandervögel und andere, es war mir etwas ganz Neues und freute mich. Den folgenden Vormittag war Chicago erreicht, wo wir paar Stunden Aufenthalt hatten und den Bahnhof wechseln mussten. Da wir ja keine Vergnügungsreisenden waren, mein Mann es sehr genau mit seinen Pflichten nahm, konnten wir uns die Unterbrechung der Reise, um die Niagara-Fälle zu besuchen, nicht erlauben. Es galt zeitig in Samoa einzutreffen, um vor der meist im November einsetzenden kleinen Regenzeit möglichst viel Urwald zu schlagen, damit während der Regenzeit, der besten Pflanzzeit, recht viele Felder mit Kakao bepflanzt werden konnten. Man rechnete im November mit der sogenannten kleinen Regenzeit, im Januar und Februar mit der großen.

Chicago erschien mir noch schmutziger und noch übler duftend als New York. Große Verkehrsstraßen, nicht fern dem Bahnhof, hatten aufgerissenes Pflaster, nicht etwa, weil daran gebaut wurde, sondern durch den starken Verkehr. Zwischen neuen Hochhäusern standen elende alte Baracken. Das wird nun heute alles anders sein. Der Autoverkehr allein fordert schon gute Straßen.

1916 gegründete Bewirtungs- und Beherbergungsgesellschaft zur Versorgung von Reisenden in Bahnhöfen und Autobahnraststätten. Mitropa wurde 2004 verkauft und firmiert seit 2006 als SSP Deutschland GmbH.

Wir kehrten in ein deutsches Restaurant ein, das uns ein Vorüberkommender, den wir schon am Äußeren als Deutschen erkannten, empfahl. Zu gut gekochten, heimischen Gerichten tranken wir Bier aus einer von einem Münchener geleiteten Chicagoer Brauerei.

Die mächtigen Schweineschlachthäuser mit angegliederten Konservenfabriken und Räuchereien weigerte ich mich anzusehen, noch bei der Hitze! Stattdessen bestiegen wir mit dem Lift wieder das höchste Haus, um einen Überblick über die Stadt zu gewinnen. Wir hatten wegen des undurchdringlichen Rauches und Dunstes gar keine Aussicht. Dann wanderten wir zum Michigan-See. Dort wohnten die Reichen und dort fanden wir gepflegte Straßen, schöne Häuser und Villen und hübsche Anlagen. Später am Nachmittag vertrauten wir uns wieder der Pacific-Bahn an, die wir nunmehr für vier Tage nicht verlassen würden.

Nachts hörten wir in der Ferne die Niagara-Fälle donnern und als wir am Morgen erwachten, befanden wir uns in einer unermesslichen fruchtbaren Ebene. Soweit das Auge schaute Weizenfelder an Weizenfeldern, auf denen schon geerntet wurde mit mächtigen Mäh- und Binde-Maschinen.

Wo damals die Natur so überreich gespendet, haben heute die furchtbaren Sandstürme alles vernichtet. Der Raubbau am heiligen Mutterboden zwingt die ehemals reichen Farmer zur Auswanderung, wenn sie nicht verhungern wollen. Elend und verarmt vergrößern sie die Massen der Arbeitslosen in den Großstädten. Mit ungeheurem Kostenaufwand versucht man durch mühsames Aufforsten die Gewalt der Sandstürme, die aus den ehemaligen Steppenländern des Westens wehen, zu brechen. Die feste Grasnarbe der weiten welligen Steppen verhinderte auch während der größten Trockenheit und heftigsten Weststürme das Davonfliegen der Erde. Nachdem man sie aber zum Ackerboden aufgerissen hat, tragen die regelmäßig wiederkehrenden Stürme die durch Trockenheit ausgedörrte und haltlose Erde Meilen und Meilen weit weg, begraben bestes Kulturland und ersticken sogar Naturwälder. Ob die Kunstpflanzungen besser überstehen? So denkt man sich ja auch die Entstehung der Wüste Sahara, die im Altertum die Kornkammer der Mittelmeerländer war.[11]

---

11 Entegegen Elses Vermutung entstand die Sahara durch eine Veränderung der Erdumlaufbahn, die zu weniger Niederschlägen und höheren Temperaturen in diesem Gebiet führten.

Omaha!

Gegen zehn Uhr hielt der Zug an einem kleinen primitiven Schuppen mit einer Wasserpumpe für die Lokomotive. Die Stadt lag noch weit ab. So waren fast alle Stationen auf der weiten Stecke von Chicago nach San Francisco. Der Verkehr war auch nur gering. Nur zwei Herren bemerkten wir im Sonnenbrand und gerade diese zwei waren unseretwegen da. Es waren Onkel Josef und Bernhard Jungbluth, Brüder meiner Mutter. Das war ein Begrüßen und Fragen und Freuen und Vorstellen meines Mannes, des neuen Neffen. Sie hatten beide große, schöne Farmen in der Nähe von Omaha. Onkel Bernhard besaß dort auch ein schönes Stadthaus. Beide hatten uns natürlich eingeladen, einige Zeit bei ihnen zu verbringen, was aber aus den bei Chicago angeführten Gründen nicht ging. Darum waren sie nun gekommen und fuhren eine Station weit mit, um uns wenigstens zu begrüßen. Beide brachten mir Geschenke mit, Onkel Josef sechs hübsche Eislöffelchen, Onkel Bernhard einen silbernen Becher, verziert mit Indianern im Kriegsschmuck. Diesen Becher hatte ich dann später in Ermangelung eines anderen Geschenkes Mataʼafa, dem *alii sili* (König) von Samoa, für seine Gaben an wertvollen Matten, Tapas[12] und Fächern gegeben. Beide Onkel hatten deutschstämmige Frauen geheiratet und hatten eine stattliche Anzahl Söhne und Töchter.

Onkel Bernhard war ein großer, stattlicher Mann mit sehr energischen Zügen und lieben, guten Augen. Er war auch persönlich sehr tüchtig und hatte es zu gutem Wohlstand gebracht. Seine Kinder waren wohlerzogen und wurden tüchtige Menschen. Sein ältester Enkel ist jetzt Missionar in Indien in schwierigen, fieberverseuchten Gegenden. Onkel Bernhard verunglückte tödlich bei einem schweren Autozusammenstoß auf einer Brücke, bei dem auch sein chauffierender Sohn schwer verletzt wurde und lange auf dem Krankenlager lag. Das war aber noch vor dem Kriege.

Onkel Josef war die Güte selbst. Auch ihm ging es gut, aber wohl mehr durch seine reiche Heirat und die Energie seiner Frau. Seine Kinder waren besonders hübsch, aber ziemlich amerikanisch erzogen, d. h. in Freiheit wild dressiert. Ich kannte von ihnen nur Della, die Älteste, von der allerlei Romane erzählt wurden, und den Jüngsten, damals ein entzückendes, fünfjähriges

---

12 Tapas sind mit Erdfarben bedruckte Matten aus der Rinde des Papiermaulbeerbaums.

Kind. Ich weiß nicht, was aus ihnen geworden ist, wie Vieles hat auch hier der Tod der älteren Generation und der Krieg die Verbindung gestört. Onkel Josef ist auch schon lange tot, schon vor dem Kriege.

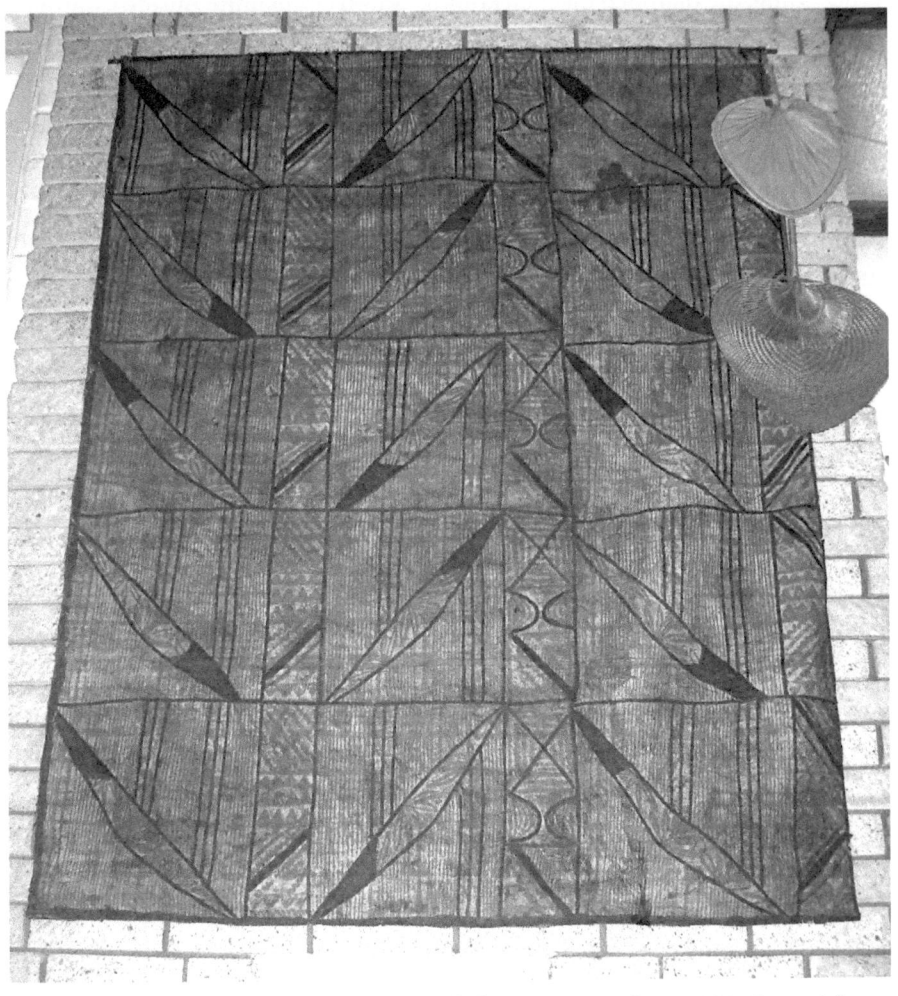

Samoanisches Tapa, als Taufgeschenk für Maria Deeken 1908 überreicht

Und immer weiter brauste der Zug in die Ebene, die tellerflache Ebene, die sich allmählich in wellenförmige Steppe verwandelte. Brütende Sonne, darauf flimmernde Luft, große trockene Hitze! Der Gaumen war wie ausgedörrt. Selbst die Zugluft durch die rasende Fahrt brachte wenig Kühlung. Die einzige Erquickung, die man sich machen konnte, waren eisgekühlte Austern, die billig, das Dutzend ein Shilling, im Zug zu haben waren und die wir fleißig schlürften, und Pfirsiche. Von Chicago hatten wir uns einen Korb voll mitgenommen und diesen Korb ließen wir uns häufig an den einsamen Bahnstationen füllen, köstliche Früchte! Außer ein paar Kindern und jungen Mädchen, die Früchte, hauptsächlich Pfirsiche, Blumen und frisches Trinkwasser verkauften, waren diese trostlose Stationen vollkommen verlassen. Die Verkäufer hatten wohl immer einen längeren Anmarsch dorthin. Ich glaube nirgendwo stieg einer aus oder ein und sehr oft stand nur eine Wasserpumpe einsam und allein auf einem kleinen Sandplatz, kein Schuppen, kein schattenspendender Baum, auf dem wir dann, wie auch der eine oder andere Fahrgast, trotz Hitze und Sonne während der Wassereinnahme auf und ab liefen, um uns die Füße zu vertreten. Im Vorüberfahren konnten wir Viehherden von vielen tausend Stück beobachten, die grasend und wiederkäuend die Steppe belebten. Je weiter wir nach Westen kamen, desto unwirtlicher wurde die Gegend. Noch vor Anbruch der Dunkelheit kamen wir in die trostlose Salzwüste, die nichts hervorbringt als einiges wüstes Gestrüpp, von dem kein Tier leben kann. Bis Sonntagmorgen, den 27. Juli sahen wir nichts als die kahlen Berge und Höhenzüge in der Ferne mit ihren nackten Felswänden! Nur einmal wurde die Wüste unterbrochen. In der Nähe des großen Salzsees haben Mormonen mit unendlicher Mühe eine Oase geschaffen und die Stadt Salt Lake City gegründet. Bei diesen Ansiedlungen gab es Kohlenbergwerke.

Allmählich wurde die Gegend wieder fruchtbarer. Stetig stiegen wir und konnten bald in der Ferne die Höhenzüge der Sierra Nevada sehen, die nur noch stellenweise mit Schnee bedeckt waren. Höher und immer höher schnauften und prusteten die Maschinen, denn wir hatten eine Hilfsmaschine bekommen, durch dichtes Gebüsch und Wald und Tann. Schade, wir konnten von der wirklich großartigen Landschaft nur wenig sehen, da zum Schutz gegen Schneeverwehungen im Winter tunnelartige Schneedächer gebaut waren, durch die wir wohl vierzig Meilen lang mit wenigen Unterbrechungen hindurchfuhren. Die gelbrote Farbe der Erde verkündete, dass wir im Goldland

Kalifornien waren, und unterwegs sahen wir häufig verlassene Goldwäschereien. Dann flogen wir schnell bergabwärts an reichen Obstplantagen vorbei und freuten uns, mit jeder Minute dem Endziel der Bahn näher zu kommen. Kurz vor San Francisco musste der Zug über die Bay. Eine Fähre brachte den ganzen Zug mit Inhalt herüber. Wir stiegen aus, um uns den wunderschönen Anblick nicht entgehen zu lassen, der von Bergen eingefasste Meerbusen, darüber der sanft gerötete Himmel, der sich im Wasser widerspiegelte. Wir kamen zur guten Zeit morgens in San Francisco an und begaben uns gleich in unser Hotel. Hier sah ich die ersten Chinesen in größerer Zahl, die als Hausdiener mit den Negern in Wettbewerb traten. Das Hotel war herrlich gelegen, von unserem Zimmer hatten wir einen Blick über den Meerbusen. Es wurde bei dem großen Erdbeben 1906 so beschädigt, dass es vollkommen abgerissen und neu aufgebaut werden musste. Vater hatte dann 1913 wieder dort gewohnt und fand es großartiger, aber nicht mehr so gemütlich wie vorher.

Unsere Freunde von Samoa, Oberleutnant Franz und Frau, wohnten hier während der Zeit des Erdbebens. Sie wussten davon neben dem Furchtbaren auch manche komische Einzelheiten zu erzählen. Das Beben war nachts. Sie wurden oben im höchsten Stockwerk durch die starken Erschütterungen, das Knirschen und Krachen der Wände und durch grässliche Angstschreie von drinnen und draußen wach. Da sie von Samoa her an Erdbeben gewöhnt waren, wo sie bisher nie gefährlich waren, zogen sie sich ruhig vollkommen an und steckten ihre Wertsachen zu sich. Als sie aber das Zimmer verlassen wollten, bekamen sie die Tür nicht mehr auf, sie hatte sich fest verklemmt. Unentwegtes Drücken auf den Klingelknopf rief endlich einen Kellner herauf und mit vereinten Kraftanstrengungen gelang es, die Tür zu sprengen. Unten in der Diele fanden sie dann die ganze Hotelgesellschaft in den unmöglichsten Nacht- und Nichtbekleidungen vor, alle voll hysterischer Angst. Zwischen ihnen wirkten die zwei Ruhigen, vollständig Angezogenen wie aus einer anderen Welt. Es war aber auch fürchterlich! Das Hotel konnte man straßenwärts nicht verlassen, da dort eine tiefe Schlucht klaffte. Merkwürdig, dass nicht der ganze Bau hineingestürzt war. An anderen Stellen war solches passiert, ganze Häuser, ja ganze Straßen verschwanden. Und dann brach überall Feuer aus, das bei dem Versagen des elektrischen Lichtes vielfach die einzige, schauerliche Beleuchtung in dieser Schreckensnacht war. Erst das Morgenlicht mäßigte die Panikstimmung. Das Erdbeben soll nicht vulkanischen Ursprungs gewesen sein, sondern durch Einstürzen unterhöhlter Erdmassen, vielleicht Auswaschungen unterirdischer Wasseradern, entstanden sein.

Wir hatten im Hotel nur das Zimmer gemietet und konnten alle unsere Mahlzeiten, auch das Frühstück, auswärts einnehmen. Das war schön, so lernte ich die reizenden Dairys kennen, kleine Restaurants, wo man nur kleine Imbisse bekam wie Frühstück und Lunch. Überall in den Hauptverkehrsstraßen zwischen Geschäfts- und Bankhäusern eingeklemmt konnte man sie finden. Ihre Besucher waren die dort arbeitenden Angestellten, die hier schnell und billig in den Arbeitspausen ihre Mahlzeiten einnehmen konnten. Die Dairys bestanden meist nur aus einem schmalen Raum, dessen Fußboden und Wände immer mit weißen Kacheln bedeckt waren und in dem dicht beieinander viele kleine weiße Marmortischchen standen. Weiß gekleidete Mädchen und Kellner bedienten flink und geräuschlos. Man konnte neben frischer köstlicher Milch alle Sorten Getränke, aber keine alkoholischen, haben, alle Sorten frischer Früchte, mit herrlichem Rahm übergossen, alle Sorten Brot mit goldgelber Butter, Eier in jeder Aufmachung, Schinken, Würste, Bratkartoffeln und Porridge, den englischen Haferbrei. Ich schlemmte in all den Herrlichkeiten. Zum Lunch gab es kleine Gerichte: warme, die schnell auf dem Rost bereitet werden konnten, kalte, wie feine Fleisch- und Fischsalate und mehr. Mittag aßen wir meist in einem deutschen Restaurant, wo auch deutsche Bedienung war, sodass es mir kaum zum Bewusstsein kam, dass die halbe Welt mich von der Heimat trennte. Den Lunch nahmen wir als Abendessen.

Am ersten Abend wurden wir im Hotel von Herrn Göring aufgesucht, dem kaufmännischen Angestellten, der von der Berliner Direktion der DSG Vater zur Hilfe angeworben war. Er war einen Dampfer früher als wir von Deutschland abgefahren, um die Einkäufe, die wir hier in San Francisco machen mussten, vorzubereiten. Die ersten drei Tage wurden auch nur diesen Geschäften gewidmet. Wir kauften das Holz für unsere Häuser, das Wellblech für die Dächer, die Nägel und was sonst dazu gehört. Handwerkszeug aller Art, denn Vieles musste auf der Pflanzung selbst hergestellt werden. Dann für die Landarbeit Schaufeln, Hacken, Pickel, Äxte, Haumesser und andere Messer und dergleichen. Auch Wagen, sowohl Lastwagen, als ein Buggy für unseren Gebrauch, mussten wir haben, dazu Pferde und Rindvieh. Beides Letztere konnten wir uns nicht persönlich ansehen, dafür blieb Göring länger in San Francisco. Er erhielt 8000 Mark, um den Kauf, der bis zum letzten Abschluss und dem Besichtigen der Tiere auf der Farm fertig mit dem Farmer besprochen war, zu tätigen. Er sollte dann mit dem von uns gecharterten Segelschiff, das den ganzen Einkauf nach Samoa brachte, mitfahren.

Sodann hieß es noch, unsere Möbeleinrichtung, soweit das nicht schon in Deutschland geschehen war, zu kaufen. Auf den vielen Wegen lernten wir zum ersten Male Warenhäuser kennen, die man in Deutschland noch nicht kannte. Es waren aber beileibe nicht solche, wie man sie jetzt in jeder größeren Stadt antrifft, wo jede Etage, jede Abteilung einem kleinen Spielladen gleicht. Wenn ich dort Möbel auch nicht am Ladentisch kaufen konnte, so gab es doch in einem Raum dicht beieinander Seiden und Bänder, Konserven und Emaillewaren aller Art. Schöne mit Messing verzierte Eisenbetten mit tadellosen Rosshaarmatratzen und Kissen, leichte Woll- und Baumwolldecken waren bald gekauft. Aber was sonst dazu gehörte! Jedenfalls die Möbellager, die wir besichtigt hatten, führten nichts, was nur halbwegs meine Wünsche befriedigen konnte. Dabei war alles unerhört teuer. Für das Geld hätte ich mich in Köln ganz anders einrichten können, nur der Transport wäre zu teuer geworden. Ich nahm also was es gab: Ein helleichenes Buffet, das aussah wie ein Waschtisch, für fünf Personen mit Spiegelrückwand. Ein Bücherschränkchen mit herunterklappbarer Schreibtischplatte von Miniaturgröße usf. Aber alle die Dinge habe ich lieb gewonnen in den Jahren des Gebrauchs, sie haben all' mein Glück und auch vieles Leid gesehen und ich möchte sie wohl wiedersehen können! Aber wie würden sie jetzt wohl aussehen? Ob sie überhaupt, wenigstens die Überreste, noch stehen?

Abends, wenn die Geschäfte geschlossen waren, machten wir schöne Spaziergänge. Die Stadt selbst gefiel mir auch. Sie war noch nicht vollständig ausgebaut, schöne Häuser wechselten mit Holzbuden, aber die Straßen waren breit und gut angelegt und verhältnismäßig sauber. Unser liebster Gang war zum Cliffhouse und zum Golden Gate Park. Das Cliffhouse lag, wie sein Name schon sagt, auf einer Meeresklippe ziemlich weit im Wasser draußen, nur durch einen schmalen Felsgrat mit dem Ufer verbunden. Die Wogen schäumten und brachen sich an den gezackten Felsen. Das Haus glich einer zierlichen Burg und war ein Hotel I. Ranges, gern aufgesucht von Hochzeitspärchen. Der Golden Gate Park zog sich an der Bucht entlang und war schon damals gedacht als Reservationsgebiet für Büffel und andere aussterbende Tiere Nordamerikas. Er machte auf mich mit seinen herrlichen Palmenalleen und den üppig blühenden Büschen einen unvergesslichen Eindruck. Besondere Freude hatte ich an den langen Hecken verschwenderisch und feuerrot blühender Geranien. Die gut gehaltenen gelben Kieswege, die bequemen Bänke und Sessel luden zum Wandeln und Ruhen gleicherweise ein.

Am letzten Abend in San Francisco besuchten wir noch die Chinesenstadt unter Führung eines von der Polizei beglaubigten Chinesen. Allein oder ungenügend geschützt, wäre dieser Besuch auch nicht zu raten gewesen. Das dichtbevölkerte Chinesenviertel war eh und je wegen Verbrechen berüchtigt. Ein Herausfinden aus diesen ineinander geschachtelten Häusern und Gässchen wäre unmöglich gewesen. Aber es gab auch ansehnliche Straßen dort, die mich fremd und bunt anmuteten, so als ob zu einem Fest fröhlich und reich geflaggt wäre. Überall hingen schmale, farbige Lappen an den Häusern herab, mit chinesischen Buchstaben bemalt: Geschäftsanzeigen, Reklame. Wenn ich heute abends durch die Geschäftsstraßen einer Großstadt gehe, taucht in meiner Erinnerung immer China-Town in San Francisco auf. Nur kannte man damals noch keine Lichtreklame, nur bunte Lampions mussten gegen den fast taghellen Vollmond oft vergebens ankämpfen. An allen Gassenecken hielten weiße Polizisten, nachts oft zu zweit und dritt, Wache. Wich man von den Hauptstraßen ab in ein durch einen Torbogen überbrücktes Gässchen, das meist bedacht war und über dem sich oft ein gleiches Gässchen wiederfand, war man mitten im chinesischen Leben. Man konnte mit ausgebreiteten Armen mit den Fingerspitzen die gegenüberstehenden Hauswände berühren und wir mussten hintereinandergehen. Die Untergeschosse der Häuser enthielten Läden und Werkstätten und waren meist ganz offen zur Straßenseite. Da konnte man alle erdenklichen Handwerker bei ihrer Arbeit beobachten, in der sie sehr geschickt waren. Schuster und Schneider, Optiker, Goldarbeiter und Uhrmacher, Töpfer und Glasschleifer, jedes Handwerk hatte seine Gasse für sich. Die späten Abendstunden hinderten den Fleiß der Leute nicht, überall wurde gearbeitet. Im Hintergrund der Werkstätten auf Lumpenhaufen oder Holzpritschen ruhten andere und schliefen bis zur Ablösung. Ich sah da häufig die bekannte Schusterkugel[13] mit ihrem milden, hellen Schein die Arbeitsstät-

---

13 Die Schusterkugel bezeichnet einen mit Wasser gefüllten farblosen Glaskolben in Kugelform, der vor Einführung elektrischer Lichtquellen benutzt wurde, um diffuses Licht einer Glas- oder Öllampe wie mit einer Sammellinse zu fokussieren

ten beleuchten. Überall duftete es nach Gebratenem und Geschmortem und die kleinen, fliegenden Garküchen waren von Kunden umlagert.

Wieder ging es um eine Ecke, wir tappten im Halbdunkel ein Treppchen empor und befanden uns in einem noch engeren Gässchen, mehr ein überdeckter Gang. Rechts und links lagen immer übereinander zwei winzige Zimmerchen, in denen man nur aufrecht sitzen konnte. In jedem befanden sich schmale Polsterbetten und wir sahen dort Opiumraucher in jedem Stadium ihres Lasters. Manchmal zwei zusammen in solch' einem kofferartigen Käfig, die dabei waren, das süßlich riechende Gift in kleine Pillen zu drehen und in die winzigen Köpfchen der langstieligen Pfeifen zu stecken. Andere waren zurückgesunken und starrten mit offenen Augen ins Nirwana. Niemand nahm Notiz von den neugierigen Fremden. Vor uns ging der lange, schmale chinesische Fremdenführer und trieb uns an, nicht stehenzubleiben. Ich ging zwischen den beiden Herren, Göring voran und Vater folgte. Etwas unheimlich war es mir doch, so im Halbdunkel, ohne jede Orientierungsmöglichkeit in all dem Schmutz und den üblen Gerüchen und dem nicht sichtbaren, aber stets vernehmbaren, heimlichen Leben hinter den stillen Bunken der Opiumraucher, über uns und unter uns! Ich war froh, als wir wieder hinauskamen, in eine breitere, luftigere Straße, wo uns ein Polizist grüßte.

Dann besuchten wir ein chinesisches Theater. Man gab ein altes Ritterdrama. Es hatte schon lange angefangen. Die Bühne war nicht groß und ganz primitiv, ohne jegliche Ausstattung, und wir erhielten auf ihr an einer Seite unseren Platz angewiesen. Ein paar Wienerstühle wurden schnell herbeigeholt. Auf der anderen Seite der Bühne lärmte das chinesische Orchester, Pauke, Flöten und merkwürdige zweisaitige Geigen. Die Zuschauer saßen familienweise, darunter Kinder jeglichen Alters, auch Säuglinge an der Mutterbrust, in kleinen Logen, die wie Ställchen das ganze Parterre, eins neben dem anderen, einnahmen. Es war ein Kommen und Gehen dort, denn die Stücke dauerten oft zwölf Stunden hintereinander an. Auch die Schauspieler wechselten inzwischen. Sie waren in kostbare alte Gewänder gehüllt und vorzüglich geschminkt. Die Frauenrollen wurden von Jünglingen gespielt, die in der höchsten Fistel sprachen und sangen. Es geschah viel Mord und Totschlag und wurde entsprechend durch das Orchester begleitet. Wir durften uns auch die primitiven

---

und so den Arbeitsplatz besser auszuleuchten.

Ankleideräume der Schauspieler ansehen, die kostbaren Seiden und Brokate der reich gestickten Kostüme bewundern und zusehen, wie ein junger Mann zu einer wunderhübschen Prinzessin geschminkt wurde.

In einem überladenen, mit vergoldeten Holzschnitzereien geschmückten Tempel bestaunten wir einen wohl zwei Mann hohen vergoldeten Buddha, dessen Gesicht im ungewissen Schein flimmernder Öllichtchen und in den lichten Wölkchen von Räucherkerzen zu lächeln schien. Zum Schluss stärkten wir uns in einem chinesischen Teehaus. Das war ein großer, hoher, matt erleuchteter Raum, mit feinen Matten ausgelegt. Von der Decke hingen bemalte Ampeln und bunte Lampions herab. Überall standen hübsche, reich geschnitzte Tischchen, mit niederen, weichen Polstern umgeben. Für uns gab es auch bequeme Sessel. Wir tranken aus feinen Schälchen duftenden grünen Tee und aßen mit Holzstäbchen von zarten bemalten Tellerchen süße kandierte Früchte, die sich Gott sei Dank aufspießen ließen. Es war nach Mitternacht als wir im Hotel wieder eintrafen.

Anderntags, Samstag, den 2. August verließen wir das schöne San Francisco. Wir nahmen die »Alameda«, einen Dampfer der Amerikanisch-Australischen Schifffahrtslinie, die uns aber nur bis Honolulu auf den Hawaiischen Inseln brachte. Die Dampfer, die nach Australien über Samoa fuhren, verkehrten nur alle vier Wochen. Wir hätten auf solch einen Dampfer noch drei Wochen warten müssen. Wir zogen es aber vor, da alle Geschäfte nach bestem Wissen abgewickelt waren, die schönen Ferientage in Honolulu zu verbringen. In Samoa erhielten wir die meiste Heimatpost mit diesen durchgehenden amerikanischen Dampfern.

Mit dem »Kronprinz« konnte sich die »Alameda« wirklich nicht vergleichen. Erstens war sie nur ein Achtel so groß und zweitens auch bedeutend älter. Die straffe, fast militärische Zucht bei Mannschaft und Bedienung war wesentlich lockerer, die Ausstattung der Räume für die Passagiere etwas verblichen und verbraucht. Die blinkende, blitzende Sauberkeit erstreckte sich nur bis zur Blickweite und besonders die gute Küche vermissten wir, denn nun gab es nur noch amerikanischen Fraß, lange Soßen und viel Pfeffer. Man darf aber nicht glauben, wir hätten uns auf der »Alameda« nicht wohl gefühlt, das wäre ein Irrtum. Sie schaukelte uns selige Tage im blauesten Meere und unter dem blauesten Himmel, den man sich überhaupt vorstellen kann. Selbst Meer und Himmel des Mittelmeeres sind nichts dagegen.

Zur Abfahrt erschien Herr Göring mit einem mordsgroßen Blumenstrauß. Er sagte »Auf Wiedersehen«, war voll schmeichlerischer Liebenswürdigkeit und erhielt die letzten Anweisungen Vaters. Er war schon ein gesetzter Mann, sicher einige Jahre älter als Vater, und ich freute mich immer zu sehen, mit welch' natürlicher Sicherheit sich Vater als Vorgesetzter gab, auch da, wo Herr Göring sich überlegen hätte fühlen können. Er war gelernter Buchhalter und hatte schon manche kaufmännische Stelle gehabt, während Vater auf diesem Gebiet Neuling war.

Die Ausfahrt aus dem Hafen von San Francisco muss bei gutem Wetter herrlich sein. Leider war diesmal alles in Dunst und Nebel gehüllt. Nur verschwommen sah man in der Ferne das Cliffhouse, von der bergansteigenden Stadt hatte man nur ein verwischtes Bild. Von Weitem tönte das Heulen der Seelöwen, vom Kai verklangen die Abschiedsgrüße der Zurückbleibenden, der Schrei der Schiffssirene zerriss die Luft und bald war alles in dichtem Nebel untergetaucht. Man sah nichts mehr als Wasser und Nebel und hörte nichts als die Schreie der Möwen, die das Schiff begleiteten, und das Tuten der Nebelhörner. Gegen das »Goldene Tor« stand schwere See, die sich vor der engen Einfahrt staute und unser Schiff hin und her warf, sodass es schwer stampfte. Und da, beim Überholen geschah es, dass das schreckliche Seegespenst, die Seekrankheit, das Deck erklettern konnte und bald Besitz von allen Passagieren ergriff. Vater opferte und opferte, sodass auch nichts vom Abendbrot zurückblieb und ich krümmte mich vor Elend, aber zu opfern brauchte ich nicht. Auf allen meinen Reisen war dies das einzige Mal, dass ich von der Seekrankheit gepackt wurde. Vater hatte bei jedem schlechten Wetter mit ihr zu kämpfen. Den nächsten Morgen stand Vater tapfer als grün-weiße Wasserleiche auf und ging zum Frühstück. Bald kam er wieder und schleppte mich auch an Deck, wo ich mich an der herrlichen Luft bald wieder erholte. Die See war wieder ruhig, nur kleine weiße Wellenköpfchen zeigten, dass der Stille Ozean auch wild sein kann. Ich hatte allerdings immer Glück bis auf diese eine Nacht, sonst machte er immer seinem Namen Ehre.

Unsere »Alameda« war gut besetzt, durchweg von Amerikanern, einiges hawaiisches Halbblut und ein Vollbluthawaiier, der sich ganz gentlemanlike betrug. Außer uns machten noch fünf andere dieselbe Reise wie wir. Sie waren auf einer Weltreise und wollten auch mit dem nächsten Dampfer nach Samoa fahren. Samoa war Mode geworden, das merkten wir in der Folge noch mehr.

Wieder sahen wir einige Tage nichts als Himmel und Wasser und es wurde merklich noch wärmer. Lange hatten uns Möwen begleitet, diese wurden nun von zierlichen, kleinen Vögeln abgelöst, Seeschwalben. Dann beobachteten wir zahlreiche fliegende Fische, die im raschen Zickzackflug den Raubfischen zu entgehen trachteten. Abends schimmerte und flimmerte das Meer von Milliarden Lichtchen, besonders die schäumenden Bugwellen und die lange, breite Kielbahn erstrahlten im bezaubernden Meeresleuchten. Freitag, den 8. August kamen die Hawaiischen Inseln in Sicht und voller Spannung suchten wir mit Ferngläsern den Horizont ab nach den aus Meer und Wolken auftauchenden Bergen. Früh passierten wir die Insel Molokai, deren kahle Felsenberge schroff aus dem Meer stiegen. Welch wunderbarer Anblick! Die braungrauen Berge, das üppig grünende Tal und dagegen das tiefblaue Meer, das zur Küste hin in allen Regenbogenfarben schillerte. Wahrscheinlich trugen im seichten Wasser Korallen und Tange Schuld an dem herrlichen Anblick.

Auf Molokai ist die Leprastation der Hawaiiinseln, wo diese Krankheit unter den Eingeborenen viele Opfer fordert. Sie ist natürlich eingeschleppt worden. Französische katholische Missionare spenden den Ärmsten ärztliche Hilfe und opfern ihnen damit ihr Leben. Wer einmal durch das Tor der Ansiedlung gegangen ist, dem ist der Rückweg verschlossen. Alle werden früher oder später an der grässlichen Krankheit sterben müssen. Wo findet man heldenmütigere Männer und Frauen als in der katholischen Mission? Andere Missionsgesellschaften wollten ein Gleiches vollbringen, aber sie fanden keine Opferbereiten unter den ihren. Kürzlich las ich in der Zeitung von einem der Missionare von Molokai, dessen Leiche feierlich in die Heimat Belgien überführt wurde. Unter Glockengeläut wurde sie am Dampfer vom König, zwei Bischöfen und Tausenden von Gläubigen begrüßt. Vierzig Jahre seines Lebens war er auf Molokai als Priester und Arzt tätig gewesen. Auch ihn hatte die Krankheit gepackt, aber bis zuletzt waren seine Hände verschont geblieben, sodass er das heilige Messopfer bis kurz vor seinem Tode darbringen konnte.

Nach und nach versank Molokai wieder in den Fluten und bald erhob sich die Küste von Oahu, wo wir zwölf Tage bleiben wollten. Noch ein Felsvorsprung musste umschifft werden, da lag Honolulu, das Schöne, vor uns! Honolulu, früher ein kaum gehörter Name! Heute aber durch Jazz und Schlager bekannt, singt und dudelt jeder Gassenbengel von den schönen Mädchen in Honolulu oder vom Seestrand von Waikiki! Sanft stiegen die weißen Villen, im

Grün der Gärten versteckt, den Berg empor. Vom Strande grüßten windzerzauste, merkwürdig schief gewachsene Kokospalmen und eine Schar hawaiischer Jungs umkreiste schwimmend das Schiff und tauchte nach herabgeworfenen Kupfermünzen.

AUF HAWAII

Kurz nach drei Uhr legte der Dampfer am Pier an. Wir verließen ihn unter den Ersten, um sogleich Unterkunft im Hawaii Inn-Hotel zu suchen. Das Hotel lag mitten in der Stadt. Es war ein schöner großer Holzbau mit weiten, luftigen Veranden und Terrassen und einem großen üppigen Garten. In diesem Garten lagen einige hübsche Bungalows, kleine Häuschen, im blühenden Gebüsch versteckt. Eines davon mieteten wir. Es bestand aus einem Schlaf- und einem Wohnzimmer, Bad, Toilette und einer kleinen Veranda. Telefonverbindung mit dem Haupthaus erlaubte uns, die Mahlzeiten in unser Häuschen zu bestellen. Als Vater im Jahre 1913 eine Inspektionsreise im Auftrag der DSG nach Samoa machte, war er auch ein paar Tage in Honolulu und wollte wieder in dem schönen Hawaii Inn-Hotel wohnen. Es war geschlossen. Warum? Ein amerikanischer Konzern hatte ein Hotel, ein Hochhaus, einen wahren Steinkasten, ohne Veranden, ohne Terrassen, ohne Garten, aber sonst mit allem modernen »Komfort«, Bar, Tanzsaal usf. gebaut. Doch das Hawaii Inn-Hotel zog trotz aller Reklame alle Gäste zu sich, weil es in seinem leichten, luftigen Bau den Bedürfnissen der Tropen entgegenkam. Da kaufte der Konzern das Hawaii Inn-Hotel und schloss es. Nun müssen die Gäste in den großen Steinbaukasten kommen. So wird das gemacht.

In Honolulu gingen wir auf den Spuren Vaters von 1900. Überall fanden sich alte Bekannte, überall wurden wir freudig begrüßt und eingeladen. Für mich gab eine Dame, die deutsche Frau des Prokuristen der großen deutschen Firma Hackfeld & Co.[14], eine regelrechte deutsche Kaffeeschlacht. Hier traf ich eine Kölnerin, die schon sieben Jahre in Honolulu verheiratet war. Mit ihr hatte ich allerhand gemeinsame Bekannte in Köln. Ein wirklich freundschaftliches Gefühl verband uns mit Hofmann und Frau und ihrem Hausgenossen,

---

14 H. Hackfeld & Co. war um die Jahrhundertwende eine der größten Firmen auf Hawaii. Sie wurde von Bremen aus geleitet und betrieb unter anderem eine Reederei, besaß Zuckerrohrplantagen und exportierte Zucker und Südfrüchte.

Herrn Bolte. Wir verdankten ihnen, dass wir schöne Ausflüge in die Umgebung Honolulus machen konnten, teils mit ihnen, teils stellten sie uns ihren Wagen mit Gespann zur Verfügung. Samstag morgens holte mich Frau Doktor mit ihrem Buggy ab, Vater hatte noch Geschäfte zu besorgen und kam zum Essen nach. Mich interessierte natürlich solch ein Tropenhaus und Haushalt, wie ich ihn ja auch auf Samoa haben würde, und hatte zu fragen und Rat zu holen.

Am frühen Nachmittag fuhren wir zusammen zum Wochenende auf die damals nicht arbeitende Zuckerplantage des Herrn Bolte auf der anderen Seite der Insel. Es ging auf glatten Straßen zur Stadt hinaus, leicht den Berg ansteigend an wunderschönen Villen vorbei, die in prächtigen Parks mit hohen alten Palmenalleen lagen. Dort wohnten die Nachkommen amerikanischer »Missionare«, die den Hawaiiern die erste »Kultur« brachten, ihnen auf billige Art für eine verrostete Flinte, ein Döschen Streichhölzer und Ähnliches das Land abnahmen, sie auf gewissenlose Weise arm und schließlich rechtlos machten. Unter König Kamehameha I. waren die Inseln vereinigt worden, seitdem herrschte Frieden. Er und sein Nachkomme hatten als Berater einen Missionar, der Name ist mir entfallen, der, seiner Aufgabe getreu, es gut mit ihm und dem Volk meinte. Sie bauten neben schönen Königs- und Prinzessinnen-Palästen, die ich als Gouvernementsgebäude und Museen kennenlernte, Schulen und ein neuzeitliches Krankenhaus. Jedem Fortschritt waren sie aufgeschlossen und gaben ihrem Volk, noch ehe man in Deutschland daran dachte, ein Parlament.

Das reiche Land reizte die Habgier. Andere Missionare kamen, gesandt von der berüchtigten Boston Mission, die nicht mehr Königsberater werden konnten, dafür das Vertrauen des heiteren, vertrauensseligen Volkes hintergingen und es regelrecht ausplünderten. Ein Notschrei der letzten Königin Lili'uokalani nach Washington, den die Missionare selbst schlau veranlasst hatten, indem sie eine Revolution gegen sie anzettelten im Jahr 1893, rief Kriegsschiffe der U.S.A. Marine nach Hawaii. Anstatt zu helfen, nahmen sie Lili'uokalani gefangen, sie sollte sogar hingerichtet werden wegen unterschobener Verbrechen. Großmütig gab man ihr die Freiheit zurück, aber im fremden Land, nicht in ihrer Heimat, die sie meiden musste. Sie erhielt eine kleine Pension, als sie auf Recht und Krone Verzicht geleistet hatte. So wurde Hawaii zunächst Republik. Im Jahr 1900 annektierten die Staaten von Nord-Amerika die fruchtbaren hawaiischen Inseln! Jetzt durfte Lili'uokalani wieder in die Heimat zurück. Vater besuchte sie damals in ihrer kleinen weißen, von Blumen überrankten Villa und war beeindruckt von der Würde und Klugheit dieser braunen Frau.

Ja, so wird es gemacht! Ein starkes, schönes, lebensfrohes Volk, das wohl geeignet war in vorsichtiger Weise fremde Kultur anzunehmen, war in wenigen Jahren auf ein Minimum dezimiert. Die Übriggebliebenen sind Abschaum, verseucht und elend. Es wohnte früher in sauberen, dem Klima angemessenen, gesunden Grashütten und nährte sich vom Fischfang und den köstlichen Früchten seiner Pflanzungen. Seine Nachkommen sind Diener seiner Unterdrücker und wohnen in schmutzigen, aus Kistenbrettern und dem Blech alter Petroleumkanister zusammengeflickten Bretterbuden. Schwindsucht und Geschlechtskrankheiten, Mitbringsel der weißen Beglücker, räumen unter ihnen auf. Es gibt einen Spruch: »Erst hatten die Missionare die Bibel und der braune Mann das Land, nun hat der braune Mann die Bibel und der Missionar das Land!« Das schlimmste Schimpfwort der Hawaiier ist: »You missionary!«

Ich konnte 1902 noch einen Hula-Hula von ein paar hübschen Mädchen getanzt sehen für ein herzliches »Dankeschön« und ein kleines Geschenk. Sie trugen noch Leiis, das sind Hals- und Brustketten aus duftenden frischen Blumen, die auch den Abschied nehmenden Freunden als Zeichen der Liebe und Anhänglichkeit um den Hals gehängt wurden. Heute fährt man zu einem eigens dazu hergerichteten hawaiischen Dorf hinaus. Sind genug Zuschauer beisammen, so entledigen sich ein paar alte Weiber ihrer modernen Fetzen, ziehen die ihnen so ungewohnten Grasröckchen an und tanzen für bestimmte Taxen die alten Hulas, die in übermütiger Lebenslust ihre Vorfahren zu Ehren der Götter getanzt haben. Die ehemals duftenden Blumenketten um Hals und Nacken, die Leiis, sind nur von Papier. Als Leo, der Bruder Karl Jagfelds[15], anlässlich der ersten Weltreise des Kriegsschiffes »Emden« einige schöne Tage auf Hawaii verlebte, erhielten er und seine Kameraden von der begeisterten Bevölkerung beim Abschied Leiis, die auch nur von Papier waren, andere hatte er überhaupt nicht gesehen! Die alten stolzen Überlieferungen, Stammbäume und Familiengeschichten, ohne Lücken Jahrhunderte alt, sind alle vergessen! Mit ihnen die Kampf- und Kriegslieder. Nur albernes Liebesgedudel, auf Amerikanisch zurechtgemacht, ist übriggeblieben. Ein untergegangenes Volk! Ein Verbrechen der Zivilisation!

---

15 Karl Jagfeld war der Mann von Elses Tochter Maria.

Wir ließen die Villen der Missionarsabkömmlinge hinter uns. Einige kleine Chinesenhäuschen folgten und ein paar elende Eingeborenenhütten. Rechts und links hoben sich kahle Berge. Lantana[16], einst als Zierblume für die Gärten der Missionare eingeführt, überwuchert als schlimmstes Unkraut weite Landstriche. Nur einige chinesische Gemüsegärten unterbrachen diese Wildnis, die allerdings in ihrem reichen Blütenschmuck sehr malerisch wirkte. Auf der rechten Seite erhob sich ein alter längst erloschener Krater, die Punchbowl, dessen Auswurfsloch von Mangrovengebüsch überwachsen war und in dem sich sogar Eingeborene angesiedelt hatten. Je höher wir kamen, desto kühler und windiger wurde es. Vor uns erhoben sich jetzt die steilen, zerklüfteten Felsen, die Pali, wo König Kamehameha I. seine Feinde in wilder Flucht den Abhang hinuntertrieb (Pali-Abhang), sodass keiner am Leben blieb! Oben auf dem Pass stiegen wir aus, um den wunderbaren Anblick zu genießen. Nach beiden Seiten hin schweifte der Blick über den unendlich weiten blauen Ozean. Bei Honolulu im Segelschiffhafen ragte ein Mastenwald empor. Auf der anderen Seite lag, dem fruchtbaren Lande vorgelagert, eine idyllische grüne Insel, die mit zum Besitz des Herrn Bolte gehörte. Lange konnten wir uns nicht hier oben aufhalten, da ein starker Wind wehte, gegen den man sich ordentlich anstemmen musste.

Den Abstieg gingen wir zu Fuß und pflückten gegen den Durst wild am Wege wachsende Guavas, eine kleine köstlich mundende Frucht. Zwischen dem Guavengestrüpp weideten große Viehherden, die vollkommen frei umherliefen. Tiefer an den sanfteren Abhängen der Berge sahen wir große auf Terrassen angelegte Reisfelder und konnten Chinesen beim mühsamen Pflanzen der kleinen Reishalme beobachten. Bis über die Knie standen sie im Wasser und setzten die Reihen so gerade wie über die Schnur gezogen. Vor uns schimmerte das blaue Meer, dessen Bläue dem Lande zu ins Smaragdgrüne überging. Weiter hinaus schäumten die weißen Wogen gegen das Riff, das die Insel fast ganz umgibt. Das alles glich einer Böcklinlandschaft[17], die satten tiefen Farben, die krassen Übergänge von Hell und Dunkel, die braunen Felsen

---

16 Wandelröschen

17 Arnold Böcklin (1827-1901) war ein Schweizer Maler. Er gilt als einer der Hauptvertreter des deutschen Symbolismus und wurde von einigen Künstlern des Surrealismus als einer ihrer Vorläufer angesehen.

im blauen Wasser. Nach dieser Seite fielen die Berge steil zum Meere ab. Ihre merkwürdige Formation vermochte ich nur mit einem großartigen Faltenwurf zu vergleichen. In den Tiefen der Falten grünte üppiger Urwald, während die Buckel kahl und ohne Vegetation waren. Noch hatte die Zeit die Lava nicht verwittern lassen.

Gegen sechs Uhr kamen wir in dem kleinen Ort Helia an und wurden von Herrn Bolte herzlich empfangen. Das Haus lag in einem schönen Garten, von brennend rot blühenden Hibiskushecken eingefasst. Es war in der Art gebaut, wie auch unseres in Samoa werden sollte. Die Bedienung war, wie überall in Honolulu, chinesisch. Die »boys« sahen in ihren Anzügen gut aus, die langen Zöpfe trugen sie wie Kränze um den Kopf gewickelt. Sie sprachen ein scheußliches, lächerliches Pidginenglisch, waren flink, sauber und anstellig. Nach dem Essen machten wir noch einen kleinen Gang durch Garten und Anwesen und besuchten dann eine Chinesin, deren kleine »Lilienfüße« ich bewundern sollte. Sie waren tatsächlich so klein wie die eines vierjährigen Kindes, doch ich konnte sie nur bedauern wegen des Humpelns, denn Gehen konnte man das nicht nennen. Sie war eine große, hübsche Frau in einem kostbaren, gestickten Seidengewand, geschminkt und gemalt, dass ihr Gesicht wie aus feinem Porzellan gebildet wirkte. Ihre glatten kohlschwarzen Haare waren sorgfältig frisiert und ihre feinen, zarten Hände hatten lange, spitze Finger mit langen, rot gefärbten Nägeln. Sie sahen dadurch wie Krallen aus und verdarben den Eindruck des Zarten und Schönen.

Nach einem fröhlichen Abend krochen wir unter die Moskitonetze, das zweite Mal! Das war schon eine Kunst, denn man durfte keinen der Quälgeister, die mit ihrem scharfen Singen die Luft erfüllten, mit hineinnehmen, dann bekam man keine Ruhe, bis sie sich an unserem Blute vollgesogen hatten. Ein herrlicher Sonntagmorgen weckte uns. Wie lange waren wir in keinem Gottesdienst gewesen! So gingen wir hinaus in den Sonnenschein, ließen die frische Seebrise uns umschmeicheln und sagten dem Schöpfer all' des Schönen unseren Dank!

Nach dem Frühstück, das die fröhliche Fortsetzung des vorherigen Abends war, machten wir den Tagesplan und dazu gehörte eine Kahnfahrt in der stillen Bucht mit der schönen Böcklininsel. Wir kamen nicht weit, denn in dem kristallklaren Wasser konnten wir den Meeresboden mit den merkwürdigsten bizarren Korallengebilden sehen, darin herrliche bunte Fischchen, die wie in einem Garten spazieren schwammen. Schließlich trieb uns die Sonne wieder unter das schützende Dach. Nach einer kurzen Ruhepause nach Tisch brachen wir für die Rückfahrt auf, denn wir wollten noch am selben Abend von Honolulu nach Waikiki übersiedeln.

Die Hitze trieb uns aus der Stadt ans Meer hinaus. Auf unserem Abstieg sahen wir Honolulu im Scheine von tausend elektrischen Lichtern. Darin war es schon mancher deutschen Großstadt voraus! Es war zauberhaft schön. Aber der später aufgehende Vollmond machte die künstliche Beleuchtung unnötig und erhöhte um ein Vielfaches den Reiz und Zauber der Nacht. Mit der elektrischen Bahn fuhren wir zur Stadtgrenze, von dort ging es mit einer Maultierbahn weiter. Da beide Beförderungsmittel verschiedenen Gesellschaften gehörten, die einander bekriegten, gab es natürlich nie Anschlüsse. Glücklicherweise lag an der Ecke ein kleiner Chinesenladen, aus dem wir uns Stühle auf die Straße bringen ließen und köstliches Gingerale (Ingwerbier) tranken. Da wir acht Tage in Waikiki blieben, mochte der Chinese manchen Shilling an uns verdient haben. An Waikiki kann ich nur als an etwas Zauberhaftes zurückdenken.

Das Moanahotel war das einzige Gebäude außer einigen Badehütten an der großen, einsamstillen Meeresbucht. Im Hintergrunde dräute der Diamondhead, ein alter erloschener Krater. An der Straße, die hierherführte, lagen landeinwärts ein paar alte Gärten, die früher hawaiischen Prinzessinnen gehörten, mit Lotosteichen, süß duftenden Blütenbüschen und knorrigen alten Bäumen. Sie waren für alle offen. Hier hörten wir mehrmals in der Woche in den späten Abendstunden hübsche Konzerte von einer hawaiischen Musikband unter Leitung eines Deutschen, Herrn Berger, dem ehemaligen Militär-Kapellmeister eines Regiments. König Kalakaa hatte sich bei einem Besuch in Berlin während einer Europareise an der deutschen Militärmusik begeistert. Auf seinen Wunsch hatte ihm Kaiser Wilhelm I. Herrn Berger als Musikmeister nach Hawaii gesandt. Er war nun schon über zwanzig Jahre in Honolulu und hatte aus den musikalischen Hawaiiern und Halbblut eine gute Kapelle herangebildet und war wohl jedem Besucher der Inseln eine wohlbekannte Persönlichkeit geworden. Nun hörten wir, weit weg von der Heimat, flotte Militärmärsche und Potpourris aus Opern neben melancholischen oder wilden Eingeborenen-Melodien, Kriegsliedern und Tanzweisen. Die Refrains der Lieder, die eine braune Sängerin im Abendkleid vortrug, wurden von den Musikern mitgesungen. Diese Konzerte fanden, wie schon erwähnt, in den späten Abendstunden und nur bei Mondenschein in diesen Parks oder auch am Meeresstrand statt. Dann kamen aus Honolulu viele kleine Buggys, die an der Straße entlang warteten, während die Insassen sich bei den fröhlichen Weisen im silbernen Mondlicht in den lauen, salzigen Fluten vergnügten.

Schöne Nächte von Waikiki!

Wovon heute die Songs im Foxtrott- oder Rumba-Takt singen, ist nicht das Ursprüngliche, Paradiesische, wovon ich selbst ja nur mehr ein Zipfelchen genossen habe. Was heute geboten wird, ist Kinoherrlichkeit, zurechtgestellt und -gemacht. Man kann es in jeder Tanzbar, irgendwo in Hafenschenken, oder auch vornehm zugeschnitten erleben. Wo ist der einsame Strand, die stille Bucht, wo wir oft und oft die einzigen Badenden waren, die einzigen Zuschauer der kühnen braunen Wellenreiter, die sich von weit draußen vom Ritt auf schmalem Brett von den heranrollenden Wogen ans Land tragen ließen? Das Moanahotel ist sehr vergrößert worden und hat Konkurrenz bekommen, denn die ganze Bucht ist mit großen Hotelbauten besetzt. So ist das idyllische Waikiki ein mondänes, durch Amerikaner übervölkertes Seebad geworden. Geschmückte, hawaiisch entkleidete Weiblichkeit tanzt in lichtererfüllten Sälen nach dem Jazz Niggertänze.

Oh, pfui, wie bist du hässlich geworden, eine alte abgetakelte Schöne!

Noch immer rauschen deine Wellen, flüstern deine Palmen, duften in Vollmondnächten deine Lotosblüten, doch der tote Diamondhead und die kahle Punchbowle, umwoben von alten hawaiischen Sagen, dräuen heute bewehrt und gepanzert mit todbringenden Stückgeschützen. Ganz Honolulu, ganz Oahu, ist eine starke Festung, der Hafen ein starker Kriegshafen der nordamerikanischen Kriegsmarine. Hat der Yankee erst deine Kinder gemordet, so hat er nun noch die Natur geknebelt und in seine Dienste geknechtet.

Das alte Hawaii ist tot!

Hals und Brust mit duftenden Leiiketten behangen standen wir an Deck der »Sierra« und winkten und grüßten all' den liebgewordenen Freunden den »Aloha« zu. Wir winkten, bis kein Zipfelchen mehr zu sehen war. Ob wir jemals hierher zurückkehren würden? Damals hofften wir das, aber es kam anders... Doch wir blickten vorwärts, unserer neuen Heimat entgegen!

Von Hawaii nach Samoa!

Nun folgten wieder sechs Tage faulen Bordlebens und wieder dehnte sich die unendlich weite, blaue Wasserfläche um uns aus. Im Geiste durchlebte ich die schönen Honolulu-Tage nochmals, träumte von der nahen Zukunft und machte Pläne, ohne die Wirklichkeit zu kennen. Unser Dampfer »Sierra« von der Oceanic Steamship Co., der zwischen San Francisco und Sydney auf Australien über Honolulu, Samoa und Neuseeland verkehrte, lief in Samoa nur die amerikanische Insel Tutuila an, und zwar den Hafen Pago Pago (sprich Pango Pango). Dort mussten wir auf einen kleinen Küstendampfer umsteigen, der uns nach Apia, der Hauptstadt von Deutsch-Samoa bringen sollte.

Aus der Passagierliste ersahen wir, dass außer uns noch zwölf andere Reisende Samoa als Ziel hatten. Davon waren fünf schon mit uns auf der Alameda gefahren und hatten ebenfalls in Honolulu Aufenthalt genommen. Auch Samoa war für sie nur eine Station auf ihrer Weltreise. Die Reklame musste wohl sehr rege gewesen sein, denn sie versprachen sich sehr viel von ihrem Aufenthalt, der vier Wochen dauern musste von einem Dampfer zum andern. Sie kamen nicht ganz auf ihre Kosten, denn Apia ist schnell durchforscht, die Gasthäuser waren noch primitiv und nur selten gab es Gelegenheit, ein Fahrzeug zu mieten, um wenigstens die nähere Umgebung kennenzulernen. Wenn sie unter den Ansiedlern nicht eine mitleidige Seele fanden, die sich ihrer annahm, mussten sie sich unaussprechlich langweilen. Wir übrigen Neun hatten in Apia unser Ziel erreicht, drei Samoanerinnen kehrten in die alte Heimat zurück und sechs wollten sich eine neue gründen.

Unsere vier Schicksalsgenossen lernten wir bald in der Familie von Strauß und Torney kennen. Sie bestand aus einer älteren, vornehmen Dame, von zierlicher Figur und ihren drei Söhnen, echt germanischen Gestalten. Der älteste, Viktor, war schon zehn Jahre Viehzüchter und Farmbesitzer in Kanada gewesen und hatte seinen jüngsten Bruder Hans, jetzt zweiundzwanzig Jahre alt, als Siebzehnjährigen nachkommen lassen. Berti war Leutnant bei einem Infanterieregiment gewesen. Bei einem verkehrten Sprung hatte er sich den Fuß gebrochen und seinen Abschied genommen, um mit der Mutter zu den Brüdern nach Kanada auszuwandern, nachdem der Vater, der Minister am Bückeburger Hof gewesen, gestorben war. Frau von Strauß war von Geburt Dänin. Vor seiner Ausreise hatte Hans das Sattlerhandwerk gelernt, Bertie war zu einem Schreiner in eine kurze Lehre gegangen. Alle drei waren unverheiratet und die Mutter führte ihnen den Haushalt. Ein selten inniges Band umschloss die kleine Familie, nur etwas trübte ihr Zusammenleben, die zarte, feine 57-jährige Frau konnte das harte Klima Kanadas nicht ertragen. Da sich die Vier aber nicht trennen wollten, verkaufte Viktor seine Farm und nun zogen sie, nachdem sie glaubten sich durch Auskunft bei einem amerikanischen Händler, Mr. Moors, genügend informiert zu haben, nach Samoa, wo sie wieder im Heimatschutz standen. Die junge »deutsche« Kolonie hatte sie gelockt. Ob aber nun die Tropen das geeignete Klima sein würden? Auch hatte Mr. Moors versichert, man könne auf Samoa Ackerbau betreiben wie im gemäßigten Klima! Es gab wohl kaum so viel ebenes Land zu kaufen, das sich lohnte unter den Pflug zu nehmen, und es gab auch Körnerbau auf Samoa. Das ganze Innere der Inseln ist gebirgig, nur zum Teil sehr schmale Küstenstreifen sind eben und die werden von den Ansiedlungen der Eingeborenen und deren Kulturen eingenommen. Vater konnte durch seinen vierwöchigen Aufenthalt auf Samoa schon allerhand Auskunft geben und die Enttäuschung war groß, besonders bei Viktor. Er konnte sich kein Leben ohne Pflug und Viehzucht denken.

Als wir eines Abends im traulichen Gespräch im Speiseraum zusammensaßen und mit einem feurigen kalifornischen Wein auf unsere Zukunft auf Samoa anstießen, hob ich von ungefähr die Tischdecke hoch. Da saß unter dem Tischrand ein Tausendfuß, wohl dreißig Zentimeter lang, mit rot-gelb geflammtem Panzer, der an jedem Ring ein Bein trug. Meine erste Begegnung mit tropischem Ungeziefer! Der Tausendfuß hat ein respektierliches Gift, das beim Biss in die Wunde gelangt. Kinder können daran sterben. Der schnell gerufene Steward stieß ihn auf eine Kehrschaufel und warf ihn zum offenen Bully ins Meer hinaus.

Auf Samoa hatte ich noch einmal eine Begegnung mit solch ekligem Gesellen. Es war kurz vor unserer endgültigen Heimkehr nach Deutschland. Ich hatte mein Töchterchen Trude ins Wiegenbettchen gelegt zum Schlafen und zog den Fenstervorhang zu, als aus den Falten desselben von oben etwas herunterfiel eben an meiner Schulter vorbei. Es war ein besonders großer und starker Tausendfuß, beim Laufen rasselte sein Panzer. Mein chinesischer Koch bediente sich auch der Kehrschaufel, auf der er ihn mit einem Stück Holz festhielt. So brachte er ihn in den Hühnerhof und im Augenblick hatte ihn das Federvieh in soviel Teile zerrissen, als sein Panzer Schuppen hatte. Er war wohl vierzig Zentimeter lang.

Mit der Vollblutsamoanerin, einem hübschen stattlichen Mädchen, das nur wenig englisch konnte, trieben wir samoanische Sprachstudien an denen sich manchmal auch die beiden Halbweißen beteiligten. Es waren die Töchter des oben genannten Mr. Moors, der sie zur Erziehung nach Amerika geschickt hatte und die nun heimkehrten und an Straußens Reiseanschluss fanden. Sie waren auch recht niedlich und fanden später bei dem Reichtum ihres Vaters weiße Freier.

Am Abend vor unserer Ankunft in Pago Pago fand ein kleines Konzert statt, ausgeführt von den Passagieren. Auch ich wurde gebeten etwas vorzutragen. So sang ich meiner Mutter Lieblingslieder: Die Lotosblume von Schumann und die beiden ersten Rosenlieder von Eulenburg und musste das dritte zugeben. Es war das letzte Mal, dass ich vor fremden Zuhörern sang und von einem trefflichen Klavierspieler begleitet wurde. Später sang ich meinen Kindern Schlaflieder, wobei Vater gern zuhörte. Nun singe ich dieselben meinen Enkeln, aber außer ihnen hat keiner mehr Vergnügen dran, was ich auch keinem übelnehmen kann.

Am 27. August, morgens sechs Uhr fuhr unsere Sierra in den Hafen von Pago Pago auf Tutuila ein. Auf unseren Wunsch hatte uns der Steward geweckt. Schnell zogen wir die hübschen, in Honolulu gekauften Kimonos über die Nachtkleider und eilten an Deck. Ein wunderbarer Anblick bot sich uns. Der Morgen war kühl und ein frischer Wind kam von den hohen, dicht bewaldeten Bergen. Weiß schäumende Wasserfälle stürzten ins blaue Meer, aus dem sich der Sonnenball emporhob. Vorsichtig und langsam steuerte der Dampfer in eine schmale gewundene Einfahrt zwischen Bergen in das weite Hafenbecken, das von hohen, mit einem dichten Urwaldpelz bedeckten Bergen umgeben war. Nur stellenweise ließen sie etwas Küstenland frei und von dort winkten die weißen Häuser der wenigen Weißen aus dem Grün, darunter das Gouvernement, die Kirche und das Hotel. Einen kleinen Spaziergang weiter schmiegten sich die braunen Hütten eines Samoadorfes unter Kokospalmen und anderen Fruchtbäumen. Sonst überall fielen die Berge steil ins Wasser, wodurch der Hafen sehr an einen oberbayrischen Gebirgssee erinnerte.

Bald lösten sich vom Ufer eine Reihe Kähne und Einbaumboote und wurden von starken, muskulösen Eingeborenen unserem Schiff zugetrieben. Ihre Ruderschläge begleiteten sie mit einem eigenartigen dreistimmigen Gesang. Kaum die Ankerketten heruntergelassen, legten sie schon am Schiff an und boten neben den Früchten des Landes auch allerhand Kuriositäten zum Kauf an. Wir aber verschwanden schnell in unsere Kabine, um uns anzukleiden und unser Gepäck fertig zu machen. Dieses wurde auf einen Leichter[18] geladen, der es mit anderen Waren und den deutschen mit schwarz-weiß-roten Streifen gezeichneten Postsäcken zur kleinen »Kawau« brachte, die auch uns mit nach Apia nehmen sollte. Ich traute meinen Augen kaum, als ich das kleine Motorboot sah, dem wir uns für die zwölfstündige Fahrt über den Ozean anvertrauen sollten! Da waren ja die Rheinboote viel länger und breiter! Und wie sollten wohl die dreizehn Passagiere Platz finden? Das sollte eine schlimme Nacht werden, hatte doch unser großes Schiff schon sehr gerollt. Neptun würde sicher Opfer fordern! Mit gemischten Gefühlen schauten wir zu, wie alles Gepäck, alle Kisten und zuletzt die verheißungsvollen Postsäcke mühelos in den schwarzen Bauch des Schiffchens verschwanden. Dann verließen auch wir die Sierra und ließen uns an Land rudern. Die Verbindung mit der weiten Welt war nun gelöst!

Als wir an das Hotel kamen, fanden wir es geschlossen und erst nach längerem Verhandeln mit dem Besitzer bekamen wir ein Zimmer und später auch einen recht guten Lunch und vor der Abreise am Abend noch eine kleine Mahlzeit. Kürzlich erst hatte die Regierung Nordamerikas dem Lande der Freiheit jeglichen Alkoholausschank verboten und nun rentierte sich die Führung eines Hotels nicht mehr. Fremde kamen ja nur alle vier Wochen mal auf der Durchreise, denn für einen längeren Aufenthalt konnte Pago Pago ja nichts bieten. Das ganze Innere der Insel ist gebirgig. Der Wirt hätte längst schon ein Krösus sein können, wenn er nicht immer sein bester Gast gewesen wäre. Nachdem er uns der Fürsorge seiner Frau überlassen hatte, eilte er seinen ehemaligen Saufkumpanen nach auf die Sierra, um dort an der Bar seinen vierwöchentlichen Durst zu löschen und auf Vorrat zu trinken.

Tutuila wurde nach den jahrelangen Streitigkeiten um den Besitz der Samoainseln zwischen Amerika, England und Deutschland im Jahre 1898 Amerika zugesprochen. Amerika wusste wohl, warum es auf die nur drittgrößte der Inseln, die zudem für eine Besiedlung kaum in Betracht kommt, Anspruch erhob. Tutuila besitzt den einzigen guten, gegen die schweren Nordstürme geschützten und auch großen Ozeandampfern zugänglichen Hafen der ganzen

---

18 Schiff in oben offener Bauweise ohne Eigenantrieb

Gruppen. Er ist ein vorzüglicher Flottenstützpunkt und zu diesem Zweck war auch schon eine große Kohlenstation dort angelegt worden. Zu dem schönen und wertvollen Besitz der ungemein fruchtbaren Samoainseln hatte dieser Hafen unbedingt dazugehört. Der deutsche Besitz in der Südsee mit Kiautschou in China hätte durch diesen Flottenstützpunkt eine gewisse Geschlossenheit bekommen.

Der Abend kam. Die Sierra hatte den Hafen schon verlassen. Über den schmalen Landungssteg gingen wir dreizehn Apiareisenden auf die kleine »Kawau«. Die Vierzehnte von der Sierra, die junge Samoanerin, blieb auf Tutuila. An Bord nahm uns Käpten Allen in Empfang und sorgte hausväterlich für unsere Unterkunft. Ein Blick in die kleine, heiße Kabine voll Kakerlaken ließ uns erschauern. Aber in einer knappen halben Stunde hatte jeder sein Plätzchen und es ging, wenn auch sehr eng. Auf den Bänken der Reling entlang streckten sich die jungen Leute aus. Für Frau von Strauß und das ältere englische Ehepaar gab es Langstühle mit Decken und Kissen und für Vater und mich war ein besonders begünstigter Schlafplatz hergerichtet. Das Oberlicht der Kabine war geradegestellt, die Messingstäbe mit Matratzen aus der Kabine gepolstert und dort oben ruhten wir nun, den klaren Sternenhimmel über uns. Wir grüßten das Kreuz des Südens und tief im Norden am Horizont blinkte der heimatliche Große Bär herüber.

Den Sternenhimmel kann man vergleichen mit dem einer klaren, kalten Winternacht in der Heimat, so leuchtend und hell, da die Sterne übergroß erscheinen. Nur das Südliche Kreuz[19] enttäuschte mich zuerst. So viel hatte ich davon gelesen, wie es aufstrahlt und leuchtet, und nun wurde es mir schwer, es zu finden. Mir erschien der Große Bär und andere Sternbilder daheim viel eindrucksvoller. Wie gerne wollte ich heute noch einmal das Kreuz des Südens suchen und ich glaube, ich fände es sogleich!

Käpten Allen, Engländer, wahrscheinlich aus den Kolonien, war ein großer, dunkelhäutiger Mann mit schönem kühnen Gesicht und dunklen Augen. Es wurde geflüstert, er habe einen Mord auf dem Gewissen und nur durch Fürsprache der englischen Regierung, man übersetze »Forderung«, habe er auch nach der Deutschwerdung den Postverkehr zwischen Tutuila und Apia behalten dürfen. Er machte mir einen unheimlichen Eindruck, da meine Fantasie

---

19 Gemeint ist das Sternbild »Kreuz des Südens«.

angeregt war. Aber ob es der Wahrheit entsprach? Jedenfalls vertrauten wir alle ihm unser Leben an für diese, uns abenteuerlich dünkende Fahrt mit dieser Nussschale auf dem großen Ozean!

Die kleine Maschine machte »wupp-wupp« und klopfte und pochte in stetem Rhythmus. Die Spitze des Mastes schlug Kreise und Ovale über uns, je nachdem die Wogen der See das Schifflein wiegten. Wir hatten Glück. Die See ging ruhig. Alle blieben gesund und genossen die köstliche Nacht. Die tiefe Stille, noch deutlicher durch das gleichmäßige Geräusch des Motors! So nahe den Wellen des Meeres, so nahe der Unendlichkeit, die uns umhüllte und die die Nacht ausfüllte. Die Brust dehnte sich in einem Glücksgefühl, in einer gespannten Erwartung der unbekannten Zukunft entgegen. Die Berge Tutuilas waren versunken. Das gleichmäßige »wupp-wupp« schläferte ein.

Einmal gegen zwei Uhr wachte ich auf. Starker Erdgeruch, wie ich ihn noch nie zuvor gespürt hatte und auch später nur bei den Samoa-Inseln spürte, und süße Blütendüfte wehten vom Lande herüber. Wir fuhren unter der Küste Upolu. Dunkle Berge hoben sich vom Nachthimmel ab. Wir hatten noch vier Stunden Fahrt. Erst kurz vor sechs Uhr dämmerte es und dann hob sich der brandrote Sonnenball aus dem silbern schimmernden Meer, das nun im Osten gleich dem Himmel sanft errötete und nach und nach in feuriger Lohe glühte. Ein dumpfer Ballerschuss vom Lande her zerriss die Luft, ein Zeichen für die Ansiedler, dass die deutsche Post kam. Wie gespannt lauschten wir in der Folge diesem verheißungsvollen Ton, mit welch' unaussprechlicher Freude wurde jeder Posttag begrüßt!

Die »Kawau« schwenkte kühn um die Halbinsel Matautu mit der Lotsenstation, wo wir noch das Rauchwölklein des Schusses sahen, in den weit offenen Hafen von Apia ein. Eine Kette leuchtend weißer Häuser zog sich am Ufer entlang. Das schwarze Gerippe des im Taifun 1889 gestrandeten deutschen Kanonenbootes »Adler« lag inmitten der Bucht und warnte vor dem tückischen Korallenriff. Die Ankerkette rasselte, selbst die kleine »Kawau« hatte in dem seichten Wasser keinen mit dem Lande verbundenen Anlegeplatz. Aber schon kamen von allen Seiten Eingeborenenboote, um die Ankömmlinge abzuholen. Die kühle Morgenluft trug ihre Gesänge zu uns und bald legten sie an, erklommen das Deck und versuchten, Fahrgäste zu bekommen. Ein dicker, freundlich lächelnder Kanaker begrüßte uns in tadellosem Deutsch, worauf er sichtlich stolz war, aber Vater hatte einen alten Bekannten erspäht, der bei seinem Aufenthalt 1900 sein Diener war, der ruderte uns jetzt an Land. Das war Donnerstag, der 28. August.

Ankunft eines Dampfers am Hafen von Apia

Blick nach Apia von Mulinuu

DAS ERSTE HALBJAHR IN SAMOA (AUGUST 1902 – MÄRZ 1903)

Unser erster Gang vom Landungssteg war zu dem gegenüberliegenden Hotel Tivoli, das stattlich mit aufgesetztem Stockwerk und breiten Veranden an der Straße nach Vailima lag. Dort hatten wir Gelegenheit, uns nach der nächtlichen Fahrt zu waschen und Kleider zu wechseln und danach zu frühstücken.

Währenddem bekamen wir schon unseren ersten Besuch. Hugo Schmidt, ein deutscher Kakaopflanzer erschien mit einem hübschen Blumenstrauß aus seinem Garten. Es waren Blumen, die man damals in keinem Blumenladen und keiner Gärtnerei kaufen konnte, die nur noch in Bauerngärten wuchsen. Sie waren mein Willkommen in der neuen Heimat und erfreuten mich durch ihre Farbenpracht. Sie waren weit schöner als das künstliche Riesenbukett von prachtvollen Rosen und Nelken auf Draht, das mir beim Verlassen von San Francisco Herr Göring überreichte mit vielen guten Wünschen und »Auf Wiedersehen«. Es erstaunte mich, auf Samoa solche Blumen zu finden. Heute sind diese schlichten, duftenden Blumen wieder anerkannte Lieblinge aller Gartenfreunde.

Bald danach kam Herr Konrad, der Verwalter von Vailima, wo wir als Gäste des Besitzers, Herrn Kunst, die ersten Wochen wohnen sollten. Er brachte uns zur Fahrt einen zweisitzigen Buggy, bespannt mit einem knochigen, zotteligen Schimmel. Noch oft sollte der alte Tom uns den Berg nach Apia hinab und wieder hinauffahren.

Um zehn Uhr wurde der Zollschuppen geöffnet und nun konnten wir unser Gepäck revidieren lassen und abholen. Es wurde dann von Herrn Konrad auf dem Lastwagen, den er selbst fuhr, nach Vailima mitgenommen. Dann ging es zur Post und ein großes Paket Briefe wurde uns ausgehändigt. Von Honolulu aus waren sie mit uns gereist, aber unerreichbar für uns bis zu diesem Augenblick. Mit welcher Freude und Seligkeit lasen wir diese Briefe, die ersten auf Samoa! Und jeder Posttag wurde uns von da an wie ein Christtag, ebenso sehnsüchtig erwartet und begeistert empfangen! Unterwegs im Zweisitzer, den Vater kutschierte, öffnete ich sie schon und las vor, immer wieder mich unterbrechend, um die Umgegend anzusehen. Es herrschte damals große Trockenheit. Die Büsche und Sträucher, die Kokospalmen längs des stetig steigenden Weges, alles war vom Staub bedeckt. Die Straße war gut und fest gebaut und

Straße in Apia mit Hotel Tivoli (links)

Straße in Apia

führte an kleinen weißen Holzhäusern, mit Wellblech gedeckt, inmitten blühender Gärten, und an einzelnen braunen Eingeborenenhütten vorbei.

Auch die Papautaschule, wo die Töchter samoanischer Häuptlingsfamilien erzogen wurden, passierten wir. Sie war Internat und eine Einrichtung der Londonmission und wurde von Fräulein Schultz und deutschen Lehrerinnen geleitet. Aber merkwürdigerweise war die Lehr- und Umgangssprache neben dem Samoanischen nur Englisch, Deutsch wurde überhaupt nicht gelehrt. Und das duldete der deutsche Gouverneur in einer deutschen Kolonie! Ob es möglich wäre, in einer englischen Kolonie in einer Eingeborenenschule Deutsch zu lehren? Fräulein Ludowika Schultz war die Vorsteherin und zwar, wie uns gleich erzählt wurde, mit Wut gegen Vater geladen, der in seinem »Manuia Samoa« in dem Abschnitt »Schulinspektor auf Reisen«, seinen Besuch in dieser jungen Damenschule launig beschrieben hatte. Sie fand sich darin verspottet, was ganz gegen die Absicht Vaters war. Deshalb besuchten wir sie bald, da wir so oft vorüber kamen. Sie war säuerlich süß und außer den heftigen Vorwürfen, die sie Vater machte, sprach sie mit ihm kein Wort mehr und zeigte auch mir nichts von der Schule, noch ihre Zöglinge. Sie blieb auch ferner die Gekränkte.

Wir ahnten nicht, dass der harmlose Bericht Vaters uns dort schon Feinde gemacht hatte. Diese Gegnerschaft steigerte sich mit den Jahren, denn die wenig loyale Haltung der Londonmission ihrem Gastlande gegenüber musste in jedem echten Deutschen Empörung auslösen. Der Gouverneur und der Direktor der DHPG hatten für solche Gefühle kein Verständnis, im Gegenteil, Dr. Solf[20] warb stets um ihre Freundschaft, der er manches gute Zeugnis verdankte.

Die Londonmission arbeitete unter den Eingeborenen am stärksten, denn sie war die reichste und verfügte über die meisten Mittel, aber sie arbeitete für England und hatte nur englischsprechende Missionare. Um einem dringenden Bedürfnis abzuhelfen, engagierte sie später einen deutschen protestantischen Pfarrer für ihre Gemeinde in Apia. Als dieser sich dann als unbeeinflussbarer und echt deutscher Mann zeigte, wurde er auf eine kleine Eingeborenenstation versetzt und die protestantischen Deutschen hatten wieder nur einen englischsprechenden Seelsorger. Natürlich besuchte niemand den Gottesdienst und

---

20 Entgegen Elses Bezeichnung als »Dr. Solf« war Wilhelm Solf nicht promoviert.

wollte jemand seine Kinder taufen oder sich trauen lassen, so wartete man damit, bis wieder eines der deutschen Kanonenboote »Kondor« oder »Kormoran« im Hafen lag und der Marinegeistliche die kirchliche Feier vornahm.

Die katholischen Maristen, französische Missionare, hatten sich dagegen gleich nach der Deutschwerdung umgestellt und deutschsprechende Elsässer nach Samoa geschickt, sodass jeden Sonntag in der Kathedrale eine deutsche Predigt war. Gleichzeitig hatten sie in Deutschland eine Niederlassung gegründet, um deutsche Missionare auszubilden. Die Brüderschule, in der braune und halbweiße Buben unterrichtet wurden, wurde von Bruder Phillip, einem in der ganzen Stadt beliebten, immer fröhlichen deutschen Maristenbruder geleitet und neben Samoanisch wurde in den fortgeschrittenen Klassen nur Deutsch gelehrt. Auch die katholische Schwesternschule mit Internat für junge Samoanerinnen führte neben der samoanischen Umgangssprache deutschen Unterricht ein.

Nach dieser Abschweifung kehren wir wieder zu unserer ersten Fahrt nach Vailima zurück. Wir kamen schon ziemlich hoch am Berg an einer elenden kleinen Holzbaracke vorbei, auf deren winziger Veranda ein junger schwarzbärtiger Weißer saß, den wir wie jeden Weißen grüßten und der uns mit brennenden Augen anstierte. Den Gruß bekamen wir nur sehr steif zurück. Als wir später einmal auf einem Spaziergang von einem plötzlichen heftigen Regenschauer überrascht wurden, flüchteten wir zu ihm auf seine Veranda und erkannten ihn erst da als einen Herrn Pelmann aus Köln. Wir hatten ihn durch den großen schwarzen Vollbart nicht wiedererkannt und er glaubte, wir wollten ihn nicht kennen, da er als Angestellter des Mr. Moors in der elenden Hütte hausen musste. Er war der Sohn des Stadtverordneten[21] Pelmann in Köln und recht vermögend. Dies war nur die Zeit, in der er sich für seine spätere Tätigkeit als Pflanzer vorbereiten wollte und er kaufte dann auch eine schöne Kakaopflanzung und blieb, da er eine Samoanerin geheiratet und mehrere Kinder von ihr hatte, nach der Besitzergreifung durch die Neuseeländer nach dem Weltkrieg dort.

Endlich bogen wir von der Hauptstraße in einen Nebenweg ab und fuhren durch eine breite Einfahrt in den Garten der Villa Vailima. Konrad und zwei Töchter und eine Anzahl Samoaner und Samoanerinnen kamen heran,

---

21 Gemeinderat

nahmen Vater die Zügel ab und begrüßten uns. Unser Gepäck war schon da und wir wurden in unsere Zimmer geführt, die eine Etage hoch lagen. Der gepflegte Rasenplatz, das hohe, sehr große Haus mit den breiten Veranden und der wehenden Begrüßungsflagge am Mast machte einen großartigen Eindruck. Der Blick von unserer Veranda oben, der sogar über den Wipfeln der Bäume das blaue Meer erfasste, entzückte mich. Die großen, sehr geräumigen Zimmer, als Schlafzimmer mit doppelschläfrigen Betten gut und gemütlich eingerichtet, die Veranda mit Korbsesseln, Tischen und Langstühlen ausgestattet, gaben uns gleich ein heimisches Gefühl.

Dieser ganze Teil des Hauses, zwei Zimmer nebst Veranda und Flur, war auf einer großen, an drei Seiten offenen Halle gebaut, die als Essraum diente. In der Mitte stand der große Esstisch, an dem wir unseren Lunch allein einnahmen. Die tägliche Hauptmahlzeit um sechs Uhr vereinigte uns mit Konrad und seinen Töchtern. Er war ein Mann, gut in den Vierzigern, mit bärtigem, klugem und freundlichem Gesicht. Durch Kunst war er mit Familie von Hawaii nach Samoa übergesiedelt und verwaltete hier den großen Besitz. Seine Frau war auch Deutsche, etwas derb und gewöhnlich, aber unermüdlich fleißig. Sie wohnte nicht auf Vailima, sondern in einem hübschen Hause nahe bei Apia, an dem wir auch vorbeigekommen waren. Tagaus, tagein schneiderte sie Uniformen für die *leoleo* (eingeborene Polizei), die einzigen Samoaner, die Hosen tragen, und für die *fitafits* (eingeborene Soldaten), alles Häuptlingssöhne, die als Wache vor dem Gouvernement und als Botengänger gebraucht wurden, aber nach preußischem Muster gedrillt und im Schießen geübt wurden. Ob das Letztere sehr nützlich war? Nötig war es wohl kaum, auch so genügten sie, um dem Gouverneur die Ehrenbezeugungen zu machen.

Konrads hatten drei Töchter, von denen die zwei erwachsenen dem Vater abwechselnd auf Vailima den Haushalt führten und die zwölfjährige oft zu Besuch oben war. Die Mädchen sprachen gut Deutsch, waren aber sonst sehr verkanakert, scheu vor jedem Fremden und sprachen nur dann, wenn sie direkt angeredet wurden. Mit den Samoanern aber waren sie sehr intim und das Schäkern und Schwätzen nahm kein Ende. In den langen, sehr einsamen Wochen auf Vailima hatte ich vergebens Annäherungsversuche gemacht, es war mir bei keiner geglückt. Öfters suchte ich die Küche auf, woher immerzu Gelächter ertönte, sie ließen mich in der Türe stehen, drehten mir womöglich den Rücken zu und plapperten samoanisch miteinander.

Villa Vailima 1902, die abgebildete Frau ist nicht Else

Villa Vailima zur Zeit Robert Louis Stevensons

Ihr Vater konnte interessant von seinem Leben auf Hawaii erzählen, wo er eine Viehfarm leitete, gleich unterhalb des größten Kraters Maunaloa, in dem der größte Feuersee der Welt brodelt. Er hatte ihn mehrmals unter unsäglichen Mühen mit Fremden bestiegen. Alle Schrecken der Hölle seien dort vertreten: das ohrenbetäubende Dröhnen und die Blitze der fortwährenden Explosionen, die Schwefelwolken, die vom Winde hin und her getrieben werden und denen man sorgsam ausweichen muss, und das Wogen und Aufstoßen der glühenden Lavamassen, die sich zu hohen Flammensäulen erheben. Das alles sei ein unbeschreiblich großartiges Schauspiel.

Wir hatten uns bei Konrad in Vollpension gegeben, so hatte ich gar nichts zu tun, als mich bedienen zu lassen. Das aber war ich mein Lebtag nicht gewöhnt gewesen. Wenn ich auch von Hause aus verwöhnt war, denn es ging bei uns reichlich und sorglos her, so hatte ich trotz der beiden Dienstmädchen meine täglichen Pflichten und meine Tage waren tätig ausgefüllt. Die Nachmittage waren wohl dem Sport und feinen Handarbeiten gewidmet, persönliche Bedienung aber kannte ich nicht, das hätte meine Mutter nicht geduldet. Am Anfang nahm mich Vater immer mit nach Apia, wo ich allerhand Menschen kennenlernte, aber meistens auf einer alten Kiste am Meerufer saß und wartete, während Vater Verhandlungen führte und Geschäfte abwickelte. Auf die Dauer aber ging es nicht, dass wir immer Wagen und Pferd beanspruchten, die ja Konrads auch benötigten, und so musste ich viel allein bleiben. Die langen Stunden verbrachte ich dann auf dem Langstuhl auf der Veranda mit Lektüre aus der großen Bibliothek Vailimas. Wie gerne hätte ich mit den Konrads-Mädchen Spaziergänge gemacht, oder wäre mit ihnen im Papaloloa geschwommen, was ich wegen meiner Ortsunkenntnis allein nicht wagen konnte. Abends ging ich gerne Vater ein Stück des Wegs entgegen. So schlichen für mich die Tage öde dahin. Das Frühstück war noch das Beste am Tage. Da gab es neben Kaffee oder Tee Milchreis oder Porridge, Röstkartoffeln und Schinken mit Ei. Dafür saß ich beim Lunch mutterseelenallein in der großen Halle vor kaltem Kaffee, der angenehm in der Hitze war, meist muffigem Brot und zerflossener Dosenbutter und vor grauen, vertrockneten Hartwurstscheiben und ebenso vertrockneten Sardinen. Die Wurst, wie die Sardinen, kamen jeden Tag wieder auf den Tisch, genau so, wie ich sie am Tage vorher hatte liegen lassen. Das ewige Gleichmaß hatte mir jeden Appetit dafür genommen und Hunde waren nicht da, an die ich sie verfüttern konnte.

Nachdem ich dann eine Brotscheibe heruntergewürgt hatte, schlich ich wieder auf meinen Langstuhl zurück. Vailima war menschenleer!

Der englische Dichter Stevenson war der Erbauer des Hauses. Die große Halle war bestimmt für die vielen samoanischen Feste, die er hier mit seinen braunen Freunden feierte. Da hatten ganze Dorfschaften Siva[22] getanzt, da war Leben gewesen. Stevenson hatte auf Samoa Genesung von der Schwindsucht gesucht und sein Leben tatsächlich in dem paradiesischen Klima verlängert, wenigstens für einige Jahre. Nun ruht er auf dem hohen Apiaberge, der als grüne Wand neben Vailima emporsteigt. Die trauernden Samoaner haben ihm dort oben im stillen Urwald ein schönes, würdiges Grabmal gesetzt.

Nach seinem Tode kaufte Herr Kunst das Anwesen und baute noch einen Flügel an und auf die große Halle die beiden großen Fremdenzimmer. Er brachte auf seinen jährlichen Besuchen in der Südsee immer Gäste mit und rechnete auch immer auf viel Logierbesuch aus Apia. Wenn er da war, gab es immer viel Leben und Sektgelage. Herr Kunst war Junggeselle, der nach

---

22 Der Siva ist ein traditioneller samoanischer Tanz, der von den Frauen im Sitzen oder Stehen getanzt wird. Charakteristisch sind die Handbewegungen, mit denen eine Geschichte erzählt wird.

Samoaner beim Siva-Tanz

arbeitsreichem Leben sich den Lebensabend möglichst heiter gestalten wollte. Er war Hamburger Kaufmann, hatte in Wladiwostok sein Geld verdient, besaß in Samoa das schöne, kostspielige Vailima, in Honolulu ein schönes Haus und in der Nähe von Hamburg ein vorbildliches Mustergut. Er war Philanthrop großen Stils. Apia hatte er eine Markthalle geschenkt und den Hauptteil des gut eingerichteten Regierungshospitals und auch Honolulu hatte er namhafte Stiftungen für gemeindlichen Nutzen gemacht. Zu Allem besaß er noch eine Reihe Nichten und Neffen, die er abwechselnd auf seinen Reisen mitnahm.

Auch besaß er Anteile der DSG und zwar als Bezahlung für die Überlassung des Landes für ihre Kakaopflanzung, die nun unter Vaters Leitung angelegt wurde. Er stellte tausend Acres[23] am Tiavipass zur Verfügung, das ist an zwei entgegengesetzten Gegenden von Upolu. Sein Wunsch war größtmögliche Besiedelung ganz Samoas mit deutschen Siedlern. Sein und Vaters Plan war ursprünglich der einer Siedlungsgesellschaft, die vielen kleinen Pflanzern behilflich sein sollte, nach Samoa auszuwandern und dort ansässig zu werden. Für Kunst hatte der Plan den Zweck, seinen großen Landbesitz anzubringen, aber nicht nur, um daraus Geld zu schlagen. Bei dem Erwerb Samoas als deutsche Kolonie war mit ausschlaggebend gewesen, dass bei Weitem das meiste Land in deutschen Händen war. Der größte Teil gehörte der DHPG, aber auch der Landkauf Kunsts hatte den Zweck gehabt, die deutschen Stellungen zu stärken. So entsprang auch der Plan einer Siedlungsgesellschaft seiner deutschen, menschenfreundlichen Gesinnung.

Leider war im Kolonialamt keine Unterstützung zu erhalten, besonders, weil der Gouverneur, Dr. Solf, sehr dagegen war. Viele Siedler erschienen ihm unbequem, vergrößerten nur die Arbeit und Sorgen der bis dahin so einfachen und gemütlichen Regierungsgeschäfte. Damit soll nicht gesagt sein, dass Solf nicht auch seine Meriten hatte, aber alles stellte er in den Dienst seiner Person, ohne Rücksicht auf das Wohl des Ganzen. Einzelne große Gesellschaften mit ihren Vertretern wollte er gelten lassen. Mit diesen ließ sich wohl der Kreis fröhlicher Zecher und Spieler vergrößern und dadurch wären sie auch schnell in seine Hörigkeit geraten. Aber viele kleine Siedler! Vielleicht auch aus anderen Gesellschaftskreisen! Mit ebenso verschiedenen Anliegen und Köpfen! Nein, mit sowas wollte er sich nicht belasten, also winkte er ab. Wen

---

23 Ein Acre entspricht etwa 4047 Quadratmetern.

anders aber hätte die deutsche Regierung in dieser Sache hören können? Sie hätte dann eigens dafür eine Kommission aufstellen müssen, aber ihre Kolonialerfahrungen waren noch zu jung. So wurde aus diesem schönen Plan nichts, der gewiss auch Vater mehr Arbeit und Ärger gebracht hätte als eine einfache Pflanzungs- und Handelsgesellschaft. Kunst ließ aber sein Landangebot auch für eine solche bestehen, ließ sich aber nicht darauf ein, statt der tausend Acres bei Tiavi noch tausend bei Tapatapao zu geben. Aber auch so mussten wir froh über das große Angebot sein.

Bis jetzt hatte der Himmel täglich ein hartes, klares Blau gezeigt und die Sonne gleißte auf das trockene Land. Eines Morgens aber schien es, als ob sie sich verschlafen hätte und nicht aufgehen wollte. Nachts schon hatten wir den Donner grollen gehört und leichte Erdstöße verspürt. Nun war der Himmel mit schwarzen und schwefelgelben Wolken, als ob ein Hagelwetter heraufzöge, verhangen. Aber es fiel kein Regen. Immer toller schossen die Blitze, immer drohender wurde das Grollen des Donners, der uns auch nicht mehr aus der Luft zu kommen, sondern unterirdisch zu sein schien. Den ganzen Tag hielt das unheimliche Wetter an, trüber Himmel, man konnte kaum lesen, grelle Blitze und das unterirdische Grollen, dabei ab und zu leichte Erdstöße. Vater hatte in Apia nichts zu tun und blieb oben, zudem war uns ängstlich zu Mute, wir mussten an das Schicksal Martiniques denken, da vor einem Jahr ein ausbrechender Vulkan einen Großteil der Insel zerstört hatte, wobei viele Menschen umgekommen waren. In der Nacht hatten wir heftige Erdbeben. Das ganze Haus schwankte, verschlossene Türen sprangen auf. Bilder stürzten von den Wänden, der Regulator blieb stehen und unsere großen Betten rutschten von der Stelle. Ein Glück, dass das Haus aus Holz war, so war eine Einsturzgefahr nicht so schnell zu befürchten.

Am anderen Morgen früh wurde die Zimmertür aufgerissen und unser samoanisches Mädchen stürzte aufgeregt herein und verkündete: »Savaii tele, tele Afi, bum, bum!« Das sollte heißen: »In Savaii ist großes, großes Feuer«, »bum, bum« sollte wohl Explosionen bedeuten. Beim Frühstück erfuhren wir dann, dass auf Savaii, der größten Insel der Gruppe, ein Vulkan ausgebrochen sei. Eingeborene seien mit allen Zeichen des Entsetzens in ihren Kanus angekommen und hätten erzählt, Savaii stände in Flammen. Man konnte den Schrecken der ahnungslosen Bevölkerung verstehen, die selbst und deren Voreltern auch keinen Vulkanausbruch erlebt hatten, sie kannten nur aus Überlieferungen von solchen Katastrophen. Es kamen immer mehr Schreckensnachrichten, z. B. das Wasser des Lanutoosees, ein alter Krater hoch oben in den Bergen über Apia, koche und drohe überzulaufen! Natürlich ein Märchen! Unsere Spannung hatte nachgelassen trotz der sich immer wiederholenden Erdbeben, denn das Bewusstsein, dass die unterirdischen Kräfte ihre Entladung gefunden, verminderte alle Gefahr. Der stellvertretende Gouverneur Dr. Schnee fuhr noch am selben Morgen mit Beamten und interessierten Pflanzern und Kaufleuten nach Savaii und kam mit der beruhigenden Nachricht zurück, im Osten der Insel, mitten im Urwald sei der Vulkan ausgebrochen, die Lava fließe ruhig und ständig und habe nur Urwald in Flammen gesetzt und auch für die Folge sei nichts gefährdet. Nach knapper Jahresfrist hörte seine an sich nicht sehr große Tätigkeit ganz auf.

Etwa drei Jahre später brach unter weniger unheimlichen Vorzeichen ein neuer Vulkan aus. Dafür vernichtete er Pflanzungen und ein samoanisches Dorf, doch alle konnten sich retten. Er lag näher dem Meer und die Lava floss in zwei Strömen und stürzte sich die Steilküste hinab ins Meer, brausend und zischend, und brachte dieses zum Kochen. Die gekochten Fische schwammen den Besuchern an die Boote. Von unserem Hause auf Tapatapao konnten wir oft die Explosionen beobachten und den vom Feuer roten Himmel sehen. Von nach Sydney fahrenden Dampfern sah man nachts die glühende Lava wie zwei Feueraugen leuchten und hörte das Donnern und Zischen von ihrer Vermählung mit dem Meerwasser.

Um nicht immer Pferd und Wagen von Vailima zu beanspruchen, besorgten wir uns Reitpferde. Eines konnten wir mit Sattel und Zaumzeug, beides noch in guter Verfassung, für 240 Mark kaufen. Es war ein Apfelschimmel, den wir Max nannten und der lange Jahre mein treues Reittier und noch bis zum Weltkrieg Stütze des Lastwagengespannes war. So hatten wir mit ihm einen guten Kauf getan. Das gemietete Pferd war auch ein Schimmel, schneeweiß mit rosigen Nüstern und langem Schweif. Dabei war er ziemlich hartmäulig, da er von Samoanern geritten wurde. Auf ihm sollte ich meine Reitstudien machen, während Max von Vater zunächst noch zugeritten wurde. Ihr müsst nun nicht denken, dass ich einzelne systematische Reitstunden erhielt. Eines Morgens hieß es »Aufsteigen« so lange, bis ich allein mit Schwung im Sattel saß, natürlich Herrensitz. Ich hatte einen schönen Reitanzug mit meiner Aussteuer bekommen aus sogenanntem Jägerleinen: eine Bridgehose, einen langen Rock, den ich in der Vorder- und Hinterbahn von oben bis unten aufknöpfen konnte, und der im zugeknöpften Zustand einen eleganten Blusenrock ersetzte. Dazu gehörte noch eine kurze Herrenjacke. Nach diesen Vorübungen, bei denen Herr Konrad mit Töchtern und dem ganzen samoanischen Hausstand interessierte Zuschauer waren, ging es los, zunächst im Schritt den Berg hinunter nach Apia. Dabei bekam ich die nötigen Lehren über meinen Sitz im Sattel, über die Haltung der Füße in den Steigbügeln und die Haltung der Zügel. Bis Apia war die Lektion erledigt, nicht als ob ich nicht noch oft korrigiert werden musste. Als wir dann aus der Stadt in den Lotopaweg abbogen, der ins damals schon erschlossene Pflanzungsgebiet führte, an das sich auch unser Land anschloss, hieß es mit einem Mal »Galopp«! Vater trieb sein Pferd an und schnalzte mit der Zunge nach Samoanerart, wobei er meinem Schimmel einen kleinen Gertenhieb gab, und folgsam setzte auch er sich in Galopp. »Fest hinten herein setzen«, rief Vater mir nun zu und wahrhaftig ging es herrlich in wiegendem Galopp voran. Nach einer Weile, nachdem die Pferde wieder in Schritt gefallen waren, kam das Kommando, »Trab!«. Vater gab wieder meinem Reittier einen kleinen Schlag, gab ihm das Tempo an und da samoanisch gerittene Pferde dasselbe Tempo wie das vorangehende nehmen, folgte es auch jetzt wieder und begann einen Zuckeltrab. Dabei wurde ich belehrt, wie man beim Englischtraben die Stöße auffängt und die Bewegungen des Pferdes mitmacht und als ich das kapiert hatte, trabten wir flott weiter bis zur Pflanzung Hugo Schmidts, der uns zum Essen eingeladen hatte.

Ich war ja noch ein Säugling in der Reitkunst und Vater hatte nicht daran gedacht, dass ich mein Haar besonders fest aufstecken musste. So hatte ich unterwegs Hut und Haarnadeln mehrmals verloren. Schließlich hatte ich den Hut mit zwei aneinander geknüpften Taschentüchern auf dem Kopf festgebunden und die Haarnadeln in die Tasche gesteckt. Bei dem lustigen Auf und Nieder hatten sich meine Zöpfe gelöst und verstrubbelt und zerzaust glitt ich aus dem Sattel, während mein Herr und Gemahl tadellos im gestärkten Weiß mit steifem Kragen und wohl sitzendem Schlips und glatt gebürstetem Schnurrbart die Ehre der Familie rettete. Sein Haar konnte allerdings nicht in Unordnung geraten, hatte ich sie ihm doch noch am Morgen mit der Klippschere auf wenige Millimeter heruntergeschoren und ihn in meinem Ungeschick oft genug dabei geziept. Im Laufe der Jahre hatte ich mich aber zu einem ganz tüchtigen Friseur entwickelt, der nicht mehr ziepte!

Strandweg auf Upolu

Zu Pferde nach Apia

Nachdem ich gewaschen und neu frisiert war, nahmen wir den Lunch ein und ich freute mich, nach den täglichen trockenen Wurstscheiben und Sardinen und den abendlichen Konservengemüsen und Früchten nun einmal Landesprodukte aus dem eigenen Garten zu bekommen, Salat, Radieschen, Ananas und Bananen. Frau Schmidt war mit ihrem Söhnchen auf einer Urlaubsreise in Deutschland, wurde aber in wenigen Wochen zurückerwartet. Das Haus bereitete sich schon auf ihren Empfang vor, die Anstreicher waren tätig. Im Hausgarten hatte Schmidt allerhand neue Sträucher setzen lassen und Blumen angesät. Rosen blühten in üppiger Pracht.

Die beiden Herren hatten allerhand geschäftlich und pflanzlich zu besprechen und machten danach einen Rundgang durch die Kakaopflanzung. Währenddessen konnte ich mich auf das Bett strecken und ausruhen und musste dann zum Kaffee aus tiefem Schlaf geweckt werden. Auch Kuchen hatte die Samoanerin gebacken, ein lang entbehrter Genuss. Danach traten wir den Heimweg an. Aufs Pferd aber musste man mir helfen, der Muskelkater begann bereits. Auf dem Pferde aber merkte ich nichts mehr und so trabten wir flott an, um nachher ganz von selbst in einen wiegenden Galopp zu fallen. Ich hatte mich auch vorgesehen, mir die Zöpfe in Gretchenfrisur um den Kopf gelegt und den Hut sogleich mit den Taschentüchern festgebunden. In Vailima angekommen, konnte ich nicht mehr allein vom Pferd herunter und konnte nur mehr auf allen Vieren die Treppe heraufkommen, da meine Beine mir den Dienst versagten. Kein Wunder, wir waren alles in allem gut vier Stunden im Sattel gewesen und das gleich zum ersten Male nach Wochen des Faulenzens. Am anderen Morgen hieß es gleich wieder in den Sattel und nach Apia reiten, und das machte meine Knochen schnell wieder geschmeidig, auch unter Schmerzen.

Wir hatten gleich in den ersten Wochen Besuche gemacht. Den ersten machten wir natürlich im schönen Gouvernementsgebäude vor der Stadt beim stellvertretenden Gouverneur Dr. Schnee, dem im Kriege bekannt gewordenen Gouverneur von Ost-Afrika. Er war verheiratet mit einer Amerikanerin und Sängerin, die noch wenig deutsch sprechen konnte. Doch duldete sie nicht, dass ich mein Schulenglisch auspackte, sondern radebrechte und kauderwelschte tapfer drauf los, denn sie sei nun Deutsche und müsse die Sprache schnell lernen. Sie waren noch nicht lange verheiratet. Beide kamen uns liebenswürdig entgegen und Dr. Schnee zeigte Interesse und Verständnis für die Anliegen und Wünsche meines Mannes und der deutschen Ansiedler überhaupt. Wäre er geblieben, uns wäre viel Schweres erspart geblieben.

Unser zweiter Besuch galt dem Leiter der großen Firma, der DHPG. Wir wurden sehr höflich empfangen, er, Herr Riedel, ganz der große Kaufmann, überlegen, gönnerhaft, sie verlegen und ein wenig hilflos der deutschen Dame gegenüber. Sie war auf Samoa groß geworden, ob von deutschen oder englischen Eltern ist ganz meinem Gedächtnis entfallen, jedenfalls war damals die deutsche Sprache nicht ihre Stärke, was auch daher kommen mochte, dass sie ihre Erziehung in Australien, also Kolonial-Talmibildung[24] erhalten hatte. Ihr Wesen glich sehr dem der Konrads-Mädchen.

Es wurde viel von der schönen Bella Becker erzählt, dass sie es als junges Mädel toll getrieben hatte. Nur mit *lavalava* (samoanischer Wickelrock) bekleidet sei sie zum Stationskanonenboot »Kormoran« geschwommen, um dort mit den Offizieren Tee zu trinken. Mit jungen Männern war sie den berühmten Papaseea-Wasserfall heruntergerutscht, es gibt sogar ein Bild davon bei Tattersall[25] zu kaufen und anderes mehr. Jedenfalls alles sehr shocking in damaliger Zeit. Wer würde heute noch irgendetwas dabei finden? Statt *lavalava* gibt es heute ein schmales Brusttüchlein und dazu ein ganz kurzes Höschen. Und nachdem im Familienbad alle gemeinsam schwimmen und sich von der Sonne braten lassen, ist jede Empörung über solche Kleidung abhandengekommen. Damals wartete man ordentlich darauf, ob die schöne Bella nicht doch noch über die Stränge schlagen würde! Alle bösen Klatschbasen männlichen und weiblichen Geschlechts aber sahen sich enttäuscht, sie wurde eine gute Frau und Mutter und ist mit der Zeit gewiss ganz in ihre Stellung hineingewachsen. Sie gefiel mir gleich ganz gut, aber in ein Gespräch konnte ich

---

24 Gemeint ist eine oberflächliche, unzureichende Bildung, da die Schulen in den Kolonien oft nicht den Standards der Schulen in Deutschland entsprachen. Talmi (von Französisch »Tallois-demi-or«) bezeichnet ein Falschgold aus einer mit Blattgold überzogenen Kupfer-Zink-Legierung, das zuerst vom Pariser Fabrikanten Tallois hergestellt wurde. Im übertragenen Sinne bezeichnet Talmi etwas Unechtes, nicht Authentisches.
25 Alfred John Tattersall (1861-1951) war ein Neuseeländischer Fotograf, der auf Samoa lebte und viele für die Geschichte Samoas relevante Fotografien anfertigte. In seinem Laden verkaufte er seine Fotografien auch als Postkarten.

nicht mit ihr kommen, da sie kaum Antwort gab und die nur auf Englisch. Seit 1906 sind Riedels schon in Hamburg. Damals waren sie knapp ein Jahr verheiratet und hatten einen kleinen Jungen, auf den sie sehr stolz waren.

Kurz nach unseren Besuchen wurden wir bei Schnees zu einem steifen Abendessen und bei Riedels zu einem üppigen Lunch eingeladen. Ich unterhielt mich beide Male recht gut und lernte noch einige Ansiedler kennen. Vergnügen solcher Art hatte ich als junges Mädchen zur Genüge genossen und konnte in der Folge ohne Kummer darauf verzichten.

Während ich so manchen Tag allein auf Vailima bleiben musste, war Vater teils auf dem Lande, teils in Apia tätig. Unterstützt von der katholischen Mission war er mit samoanischen Häuptlingen zwecks Kontraktarbeiten für das Urwaldschlagen in Verbindung getreten und hatte auch schon einige Kontrakte mit unternehmenden Unterhäuptlingen geschlossen.

Wenige Tage nach unserer Ankunft auf Samoa war über Genua, Suez, Ceylon und Sydney reisend Herr Blitzner, unser Pflanzer, in Apia eingetroffen. Er war schon einige Jahre in Ostafrika als Kakaopflanzer tätig gewesen. Malaria hatte ihn gezwungen, seine Stellung aufzugeben und in Deutschland Genesung zu suchen. Er bewarb sich dann um die Stellung als Pflanzer in der DSG auf dem gesundheitlich günstigen Samoa. Schon in Berlin hatte er beim Aufbau der Gesellschaft im Büro Vaters gearbeitet und war auch mir kein Unbekannter mehr.

Am 5. September fiel auf Tapatapao der erste Baum und Tage später bezog Blitzner sein Urwaldlager, das vier Monate dauern sollte. Wir beteiligten uns bei seinem Auszug aus Apia, an dem noch der Bevollmächtigte von Kunst, Herr Marquardt, etwa fünfundzwanzig samoanische Kontraktarbeiter und ein chinesischer Fuhrmann mit seinem Lastwagen und zwei elenden klapperdürren Mähren teilnahmen. Auf den Lastwagen wurde das große Zelt, allerhand Geräte, wie Äxte, Pickel u. a. und Proviant geladen. Zum Fuhrmann schwang sich Herr Blitzner auf den Bock und auf einer Kiste hockte Fovale, unser samoanischer Diener, mit einem Palmkorb mit unserem Picknick. Wir sprengten stolz voran und der ganze Zug schlängelte sich den Lotopaweg entlang durch die fast trockene Fuhrt des Fuluasoflusses und dann begann die Steigung. Der Weg führte teils durch Urwald, teils schon an gut gepflegten Pflanzungen vorbei, bog an der Pflanzung des Herrn Peemüller nach links ab, den Berg hinan. Hier wurde der Weg auch schlechter, sodass die Menschenlast vom Wagen absteigen musste und sogar ab und zu an besonders steinigen Stellen Hand anlegen musste. Einige Kisten hatten die Samoaner schon an schnell geschlagenen Stangen mit Lianen festgebunden und trugen sie zwischen sich. So ging es mühselig weiter bis zu unserem demnächstigen Nachbarn, Herrn Harman, einem Engländer, wo der Weg ganz aufhörte. Hier wurde alles abgeladen und der Wagen machte kehrt nach Apia zurück. Wir lagerten und verzehrten unser Mittagsbrot, um nach kurzer Rast weiter bergauf zu steigen. Unsere Pferde blieben unter Obhut Fovales zurück. Vor uns her gingen einige Samoaner, die uns im Unterholz einen Weg schlugen, uns folgten die anderen, mit den Lasten bepackt. Nach einer guten Stunde erreichten wir einen kleinen, trotz der Trockenheit schnell fließenden Bach, wo das Lager aufgeschlagen werden sollte. Es war auch höchste Zeit, denn in zwei Stunden mussten wir uns auf den Heimweg machen, da wir sonst vor der Dunkelheit nicht mehr die breite Straße erreichen konnten.

Bald stand das große Zelt und als das Feldbett aufgeschlagen war, Tisch und Stuhl an ihrem Platz standen und sogar schon einige Bilder und afrikanische Waffen hingen, da sah es schon ganz wohnlich aus. Inzwischen hatte ich guten Kaffee über offenem Feuer gekocht und die Samoaner hatten sich kleine Schlafhütten aus Buschholz errichtet, deren Böden ungefähr sechzig Zentimeter über der Erde waren. Die Dächer waren dicht mit Buschpalmen belegt und sollten unter dem dichten Urwalddach sogar dicht gegen jeden Regen sein. So konnten wir alle wohl installiert verlassen und beneideten Blitzner um seinen idyllischen Wohnplatz. Er fühlte sich auch recht wohl dort, musste nur gegen die blutdürstigen Moskitos immer sehr frühzeitig unter das Moskitonetz kriechen. Unter seiner Aufsicht wurde zunächst Busch geschlagen und ein breiter, fester Fahrweg gebaut, der in großen Serpentinen den Berg hinaufführte zu unserem Hausplatz. Um diesen festzustellen, ritten wir nach einigen Wochen wieder zum Lagerplatz. Blitzner und Vater hatten schon oft das Gelände untersucht, um den passenden Hausplatz zu finden, heute sollte er endgültig festgelegt werden und da sollte ich dabei sein. Blitzner hatte ein feines Mittagsmahl gekocht und den Tisch festlich gedeckt. Das Lager war wirklich romantisch und ich hätte es gerne gegen das komfortable und so langweilige Vailima eingetauscht. Nachdem wir uns gestärkt hatten, ging es dann auf schmalem, gewundenem Pfad den Berg hinauf. Überall erklangen die fast jauchzenden Zurufe der Samoaner, die wuchtigen Axtschläge und das Krachen der Urwaldriesen.

Über den kleinen Bach in tiefer Rinne hatte Blitzner schon eine feste, schöne Brücke mit Naturholzgeländer gebaut, die schwere Lastwagen tragen konnte. Nach allerhand Kletterei erreichten wir den ausgesuchten Platz, an dem schon eine Reihe Bäume gefallen waren, sodass das Meer durchschimmerte. Eine hohe Freude erfüllte mich. Wenn jetzt der Schoner bald kam, der Weg würde, solange es trocken blieb, bis dahin passierbar hergestellt sein, dann konnten wir im November im eigenen Heim sein!

Der Septemberdampfer von San Francisco, der unsere Post brachte und mit dem wir auch Herrn Göring erwarteten, kam ohne ihn und ohne jegliche Nachricht von ihm. Wohl war Post für ihn gekommen und die erfreuliche Nachricht, dass der gecharterte Schoner mit unserem Bauholz, Möbeln und anderen Sachen abgesegelt sei. Von Pferden und Rindvieh war aber nichts gemeldet. Wir richteten Anfragen an das deutsche Konsulat in San Francisco und warteten nun mit Spannung den Oktoberdampfer ab. Was konnte nur passiert sein? War er verunglückt? War er mit den 8000 DM durchgegangen? Das schien uns kaum glaublich. Er verlor eine aussichtsreiche Stellung und auch allerhand Geld, denn er hatte schon allerhand geschäftliche Verbindungen angeknüpft, dagegen schienen uns die 8000 DM zu wenig. Aber tatsächlich, er war verschwunden! Wir erhielten vom Konsulat die Nachricht, dass er vom amerikanischen Staatsanwalt wegen irgendeines Deliktes gesucht wurde und man annehme, er sei nach Deutschland geflohen. Dann stellte es sich heraus, dass er sich nach China gewandt hatte. Das Geld waren wir los. Sollten wir diesem Schlechten noch Gutes nachwerfen und die Auslieferung beantragen? Wohl wäre er bestraft worden und wir wären doch die Geschädigten geblieben, da er ja nichts besaß. Vater hatte Göring angestellt aufgrund tadelloser Zeugnisse und auf besondere Empfehlung von Dr. Solf und schließlich in Übereinstimmung mit dem Aufsichtsrat der DSG. Da er ihm aber Geld anvertraut hatte, bot er der Gesellschaft an, die 8000 DM zu ersetzen. Das war ein Jahresgehalt! Wir hofften im Stillen, die Gesellschaft würde das nicht annehmen. Der Aufsichtsrat beschloss aber, uns mit der Summe zu belasten, sie uns aber im Laufe der Jahre als Gratifikation wieder abzuschreiben. Wir atmeten auf, denn ein ganzes Jahr umsonst arbeiten und dazu noch das schwerste Jahr!

Im Oktober erwarteten wir auch den Schoner und zwar schon am Anfang des Monats. Es kam die Zeit, dass wir täglich als erstes am Morgen mit dem Fernglas den Hafen von Apia und die Einfahrt um Matautu nach ihm absuchten. Vielmals am Tage wiederholte ich das Ausschauen. Aber nie etwas zu sehen! Auch der Schoner blieb aus! Sollte er havariert haben? Kaum anzunehmen bei fortwährendem guten Wetter!

Inzwischen rückte der Tag immer näher, der Herrn Kunst in Begleitung einer Nichte und eines Neffen bringen sollte und wir hatten die Absicht, bis dahin Vailima zu räumen. Es war vorauszusehen, dass dann in Vailima jeden Tag ein Fest und abends oft recht fröhliche Trinkgelage sein würden. In Apia freute man sich schon! Für die angestrengte Tätigkeit Vaters wäre solch' ein Leben ein Unding gewesen. Schließlich waren wir auch nicht dafür nach Samoa ausgewandert, um in fröhlicher Gesellschaft unser Geld, das wir noch verdienen mussten, auszugeben, denn wir hätten doch nicht immer nur Gäste sein können, wie es wohl die Beachcombers[26] taten.

Wir fanden unweit von Apia am Lotopaweg ein kleines Häuschen, das wir mieten konnten. Wie freute ich mich, nun endlich Hausfrau zu werden, für meinen Mann zu sorgen und es ihm behaglich machen zu können, auch wenn es unter den primitivsten Verhältnissen sein musste. Und das Schönste von allem war, Familie von Strauß wurden unsere nächsten Nachbarn. Schon oft hatten wir sie besucht, wenn wir nach Tapatapao ritten oder zurückkamen und oft war ich den ganzen Tag bei ihnen zurückgeblieben, statt Vater weiter zu begleiten.

Leider fühlten sie sich gar nicht wohl auf Samoa. Ich hatte ja den Vorteil gehabt, mich in der kühleren Höhenluft von Vailima einzuleben, während sie im heißen, drückenden Lotopa wohnten. Dazu war Viktor bitter enttäuscht. Er hatte gleich Land gepachtet von Mr. Moors mit Vorkaufsrecht und war mit seinem jüngeren Bruder dort schon tätig. Bertie dagegen blieb bei seiner Mutter, war nur tagsüber in der Stadt, wo er einen kleinen Eingeborenenstore für Mr. Moors führte. Mr. Moors war nun gar kein so unebener Mensch. Er hatte sicher nicht die Absicht zu täuschen, denn ihm schien es doch ganz gleich, womit man Geld verdiente und vorwärtskam. Er konnte sich unmöglich in die Seele eines anderen Menschen denken. Er konnte Geld machen und andere für sich arbeiten lassen. Dass Straußens nun durchaus den Pflug führen und Viehzucht treiben wollten, das konnte er nicht verstehen. Übrigens, Vieh konnten sie sich halten, soviel sie wollten, das war sogar einträglich. Dass Viktor schauderte, als

---

26 Englisch: Strandgutsammler

er die mageren Kühe sah, die auf seinen Weiden und denen der DHPG waren, begriff er auch nicht. Die Haltung der Tiere kostete so gut wie gar nichts, nur eben das Land zur Weide. Da konnte man so viele Tiere halten, als man Milch benötigte, denn mehr als vier bis fünf Liter frischmelkend und später einen Liter gaben sie nicht. Es war auch alles degeneriertes Viehzeug, was da herumlief, es war zu selten frisches Blut importiert worden. Die DHPG hielt ihre Herden nur zum Niederhalten des Grases in ihren großen Kokosplantagen. Wir ließen uns aus Neuseeland Kühe und einen Bullen kommen und importierten später wieder eine kleine Herde auf eigene Rechnung. So hatten wir zunächst guten Nachwuchs und erhielten ihn uns durch Austausch der Bullen. Aber niemals wurden die Kälber der auf Samoa geworfenen Tiere so stattlich und milchgebend wie ihre Großmütter. Dass Straußens unter diesen Umständen an ein Weiterziehen dachten, war nicht verwunderlich, für uns aber traurig. Doch so lange sie noch da waren, wollten wir sie genießen. Diesmal aber bauten sie nicht auf die Auskunft eines einzelnen Geschäftsmannes, sondern holten ihre Erkundigungen überall ein, auch bei der Regierung von Neuseeland, und im Dezember siedelten sie dann dorthin über.

Wir zogen nun Ende November in unser kleines Lotopahäuschen. Es lag auf einem großen Rasenplatz, ungefähr zwanzig Meter von der Straße zurück. Drei Stufen führten auf die Veranda, die eben breit genug war, dass ein Stuhl darauf stehen konnte. Die Tür öffnete sich gleich in das größere Zimmer, das wir uns als Wohnzimmer einrichteten. Wie gut, dass wir auch aus Deutschland Möbel mitgebracht hatten, denn die in Amerika gekauften waren ja noch nicht da. Es waren Wiener gebogene Möbel, ganz zum Zusammenschrauben. Mit Berties Hilfe entstanden bald zwei schöne große Tische, Stühle und Schaukelstühle (unentbehrlich scheinbar in den Tropen; sind überall zu finden) und zwei fabelhafte Schränke in Hell-Eiche, ein Wäsche- und ein Kleiderschrank. Der Erstere fand seinen Platz im Wohnzimmer und musste zugleich als Geschirrschrank dienen. An einem der kleinen Fensterchen stand auf einer umgedrehten, mit einer roten Decke verhangenen Kiste meine feine Pfaff-Nähmaschine und in der Mitte unter der Petroleumhängelampe der Esstisch, rund herum die Stühle. Ein selbst gezimmertes, ziemlich wackeliges Bücherbord, die Fotos unserer Lieben im schönen Sammelrahmen und eine kleine Schwarzwälderuhr aus der Leutnantzeit Vaters vervollständigten die Einrichtung. Links vom Wohnzimmer lag das winzige Schlafzimmer durch eine Tür verbunden und eine Dritte führte auf einen Miniaturflur genau der Eingangstür gegenüber, zu dessen beiden Seiten zwei Kammern mit schiefem, unverschaltem Wellblechdach lagen. Eine derselben richtete ich mir mit Kisten und einem Primuskocher zur Küche ein, in der anderen wurden meine Wäsche- und Kleiderkisten untergebracht und stand das Bett für meine Hausgehilfin. Unsere Betten schwammen noch auf hoher See, aber Straußens liehen uns zwei, die bis auf einen ganz engen Gang, eben zum Durchschlüpfen, die ganze Breite des Zimmerchens einnahmen. Auf der anderen Seite war eben ein Plätzchen für den Kleiderschrank und einen kleinen Waschständer. Das eigentliche, etwa zehn Meter vom Hause gelegene Kochhaus nahm meine übrigen Aussteuerkisten und andere aus Deutschland mitgebrachten Einrichtungsgegenstände auf und war zugleich Sattel- und Geschirrkammer und Schlafstelle für unseren neu engagierten Fuhrmann. Dieser war Schwede und schwindsüchtig. Seine Krankheit war aber schon zu weit vorgeschritten, in der folgenden Regenzeit erkältete er sich noch mehr und starb.

Mit den Arbeiten auf Tapatapao begannen regelmäßige Fuhren dorthin, die vorläufig allerdings nur Verpflegung und Handwerkszeug mitzunehmen hatten.

Auf dem Hausplatz unseres vorläufigen kleinen Heims, der ganz eingefriedigt war und auf der Rückseite an den Fuluasofluss grenzte, weideten unsere nach und nach gekauften Pferde, unter ihnen »Iwan der Schreckliche«, ein kleiner, gedrungener Apfelschimmel. Wenn ich in der Küche beschäftigt war, steckte er gerne seinen Kopf zum Fenster hinein und bettelte Bananen und Papayas. Man musste sich aber vorsehen, denn er war bissig und schnappte gerne zu, und so ein Pferdebiss hat es in sich! Er hatte auch einen tückischen Blick, wobei er die Ohren fest zurücklegte, so sanft er auch zu schmeicheln verstand. Da war Bessy, eine dunkelbraune Stute mit weißer Stirnblesse, schon gesetzten Alters, hochbeinig und feingliedriger als der robuste Iwan, ein richtiges Wagenpferd. Sie wurde in der Folge Mutter einer Reihe von Bessys, Nummer 1, 2, 3 und so fort, und da wir später einen schönen, starken Hengst hatten, Paul, wurden es alles tüchtige und brauchbare Tiere. Den gemieteten Schimmel mit dem harten Maul und den rosigen Nüstern hatten wir wieder zurückgegeben, denn ich brauchte nun kein Reittier mehr, sondern hatte hier in der Ebene kutschieren gelernt und fuhr nun oft abends mit Max und Bessy im Gespann nach Apia, um Vater abzuholen und einzukaufen. Er ging öfters morgens mit

Bertie von Strauß zu Fuß in die Stadt, denn dort war noch keine richtige Bleibe für die Pferde. Ein- und Ausspannen und Satteln hatte ich auch gelernt und musste das oft allein besorgen.

Ich war jetzt nicht mehr allein und langweilte mich krank, sondern hatte meinen Haushalt, der mir viel Freude machte, hatte die lieben Nachbarn, zu denen ich jederzeit hinüberschlüpfen konnte und hatte ein junges halbweißes Mädel zu meiner Hilfe engagiert. Anita sprach fließend Deutsch, war sauber und geschickt und sanft wie ein Täubchen. Ich war begeistert und träumte schon, wie ich dieses Unschuldslamm zu einem brauchbaren Menschen erziehen wollte! Mit unseren Nachbarn verkehrten wir viel, saßen abends gerne auf ihrer schönen großen Veranda im Dunkeln und besprachen Zukunftsprobleme und die täglichen Sorgen und Obliegenheiten, auch die Bedürfnisse der Kolonie, die nicht zum Besten verwaltet schien. Wir luden uns oft gegenseitig zum Essen oder Kaffee ein und ich suchte immer etwas Neues aus heimischen Früchten zu bereiten und damit zu überraschen, wobei mir Anita sehr behilflich war. Einmal gab ich sogar eine regelrechte Kaffeegesellschaft zu Ehren von Fräulein Neumann, der Nichte von Kunst, und lud dazu noch Frau Hugo Schmidt, die von der Urlaubsreise wieder zurück war, und noch zwei andere deutsche Ansiedlerfrauen und natürlich auch Frau von Strauß ein.

Oft kamen abends von der Stadt heimkehrende Pflanzer auf einen kurzen Gruß zu uns herein. Einmal, es war Schlafenszeit, hielt wieder ein Wagen vor der Gartentür, die zuklappte, und dann näherten sich rasche Schritte dem Hause. – Und ich? Ja, ich saß gerade in einem großen eisernen Bottich, der an der Ecke der kleinen Veranda unter der Dachtraufe stand und eben frisch mit Regenwasser gefüllt war, und nahm ein Bad. Heraus konnte ich so schnell nicht mehr, meine Blöße hätte in der Dunkelheit geleuchtet, so aber verbarg sie mich, da ich bis zum Hals im Wasser saß. Boshafterweise blieb Vater mit seinem Gast zwei bis drei Schritte von mir entfernt auf der Veranda stehen und ich musste mich mucksmäuschenstill halten, um mich nicht zu verraten. Endlich forderte ihn Vater auf mit hereinzukommen und einen Whisky zu trinken. Ich nichts wie heraus und durch das Fenster ins Schlafzimmer klettern, wo ich mich schmollend ins Bett legte. Nachher musste ich doch mit Vater über die komische Situation lachen.

Unser Trink- und Kochwasser wurde wie allgemein üblich auf Samoa in einem großen Tank, der sich an der Rückseite des Hauses befand, aufgefangen.

DIE TIERWELT SAMOAS

Nun möchte ich etwas über die Tierwelt Samoas berichten: Böse, tückische Tiere gab es gar keine außer den Moskitos, die den Neuankömmlingen das Leben schwermachen können. Später gewöhnt man sich an sie und sie sich an uns, nämlich meine Gäste aus Apia litten schrecklich unter ihnen bei uns und ich in Apia unter den dortigen Sorten. Gegen die bekannten wurde man sozusagen immun. Da sind geschwollene Gesichter, Arme und Beine nichts Seltenes. Nachts muss man natürlich unter einem Netz schlafen, das das ganze Bett umhüllt und rundum unter die Matratze fest eingesteckt werden muss, da die Viecher auch das allerkleinste Loch entdecken, um hinein zu schlüpfen und die Schläfer zu quälen. Ein Segen, dass es auf Samoa keine Malaria oder andere Tropenkrankheiten gibt, die von Moskitos übertragen werden können. So sind sie in dieser Beziehung harmlos. Anderes schädliches Ungeziefer sind Ameisen, vor denen man alle Esswaren, aber auch Säuglingsbettchen schützen muss. Schränke oder Tische, in oder auf denen Lebensmittel längere Zeit stehen oder aufbewahrt werden, ebenso Kinderbettchen, müssen mit den Beinen in Behältern mit Wasser stehen, das mit einer Schicht Petroleum bedeckt ist. Es ist die ständige Aufmerksamkeit der Hausfrau nötig, dass diese Behälter stets frisch gefüllt sind und die Ameisen nicht raffinierterweise sich durch einen Grashalm oder ein Haar eine Brücke gebaut haben.

Auch die Kakerlaken (»Kakerutschen« genannt) können einer Hausfrau das Leben schwermachen. Mit jeder Kiste Lebensmittel, in der sich etwa Stroh oder Holzwolle als Verpackung befindet, werden sie eingeschleppt und wenn die Paarungszeit ist, scheinen sie aus dem Urwald dem abendlichen Schein der Petroleumlampe zuzufliegen. Das kann ich zwar nicht fest behaupten, aber woher sollten sonst wohl diese Schwärme kommen? Es gibt große, etwa in Maikäfergröße, und wesentlich kleinere schlanke Sorten und überall, in allen Ritzen der Wände, und Holzhäuser haben viele Ritzen, Schränken, Büchereinbänden, kurz überall und überall, findet man ihre Eier, die in kleinen schwarzen Täschchen zu zehnt oder zwölft eingeschlossen sind. So viele man auch vernichtet, so viele hat man nicht gesehen, sodass die lebende Gesellschaft überall vorhanden ist, besonders natürlich in Küche und Vorratsräumen. Da heißt es alles unter Blech oder Glasverschluss halten. Sie sind von dunkelbrauner Farbe, nur die, die sich in vollkommener Dunkelheit entwickelt haben, durchscheinend weiß, sodass man ihre ganzen inneren Organe sehen kann.

Sie knabbern alles an, mit Vorliebe sogar die Leder- und Leinwandeinbände der Bücher. Die Bände meiner Klassiker, die mit in Samoa waren, tragen alle diese Erinnerungszeichen.

Wie schon oben gesagt, das abendliche Lampenlicht zieht die Insektenwelt mächtig an. Da führen Abend für Abend die Nachtschmetterlinge, Fliegen und Moskitos ihren tollen Reigen auf. Immer konnte man neue Sorten beobachten, Spielarten der früheren, in allen Größen, zart und prächtig gefärbte, mit Goldtupfen oder Goldrändchen an den Flügeln und glänzenden Augen. Da gibt es Zeiten, da fallen in die Abendsuppe tausende von winzigen Käferchen, braun und in Flohgröße. Sie rieseln sogar durch das Moskitonetz, sodass das Schlafzimmer dunkel gehalten werden muss. Sie tun nichts, stechen nicht, aber krabbeln überallhin und als Bettgenossen kann man sie nicht ertragen. Um wenigstens ungestört das Abendessen einnehmen zu können, spannten wir an solchen Abenden große Bettlaken über den Tisch, aber unter der Lampe, dicht über unseren Köpfen aus, dann fielen die kleinen Biester in das Tuch und nicht ins Essen.

Aber auch große Insekten besuchten uns beim Lampenlicht. Das war einmal noch auf Villa Vailima, dass beim Abendtisch ein gut handgroßer grasgrüner Grashupfer mit großen gläsernen Flügeln angeschwirrt kam und sich gleich neben meinem Teller hinplumpsen ließ. Solche Besuche war ich von Köln her nicht gewöhnt und ich rutschte ein Stückchen weg, was Vater gleich amüsierte. Der Hupferling blieb aber nicht ruhig sitzen, sondern begann hin und her zu schwirren, stieß an die Lampe und plumpste wieder auf den Tisch, surrte gegen die Wand und kam wieder zurück und ich war immer in Not, dass er auf mir niedersitzen würde oder gar mir im Rücken in den Kleiderausschnitt fallen könnte. Da, da, Vater hatte ihn geschnappt und ... warf ihn zu mir hinüber. Flehend bat ich ihn, das nicht zu tun, nun aber bemühte er sich, ihn zu fangen und auf mich zu werfen, bis ich empört den Tisch verließ und mich auf unsere Veranda zurückzog. Ich hatte kaum die Lampe angezündet und mich in meinen Sessel gesetzt, als mich die Reue plagte, dass ich mich wegen eines harmlosen Tieres so dumm benommen hatte und unseren Tischgenossen, Konrads, ein solches Schauspiel geboten. Ich nahm mir vor, das gleich Vater zu sagen und so seinen Ärger über meine Albernheit zu dämpfen, denn so was konnte er nicht leiden. Mit diesem guten Vorsatz nahm ich mein Buch und begann zu lesen, da langte von hinten Vaters Hand über mich hin und setzte mir aufs Buch- den Heuhupfer! Alle guten Vorsätze waren verweht, ich zog mich wütend auf mein Zimmer zurück und schloss mich ein. Alles Klopfen und gutes Zureden nützte nun nichts mehr, ich ging zu Bett und die Tür blieb verschlossen. Aber glaubt Ihr, ich habe gut geschlafen? Nur wenig und unruhig schlief ich, denn ein dicker Ast von einem leicht besteigbaren Baum klopfte im Winde immer wieder an mein Fenster und ich malte mir aus, wenn nun mal ein wilder Samoaner bei mir einstieg und mich abmurkste und mein Mann könnte nicht mal zu meiner Rettung hereinkommen! Also lieber nicht schlafen, um mich rechtzeitig ins Nebenzimmer retten zu können. (Nur nicht die Türe aufschließen, diesen Triumph konnte ich Vater nicht gönnen!)

Ein ander' Mal, Jahre später auf Tapatapao. Ich saß allein am Abendtisch, hatte schon gegessen und wartete auf Vater, der in Apia war. Da surrte ein dicker großer Käfer, kann ein Nashornkäfer gewesen sein, größer als ein Hirschkäfer, aber mit ebensolchen Geweihfühlern und großer Beißzange, auf die Lampe zu. Er machte es wie alle geflügelten Biester, stieß da und dort an und kehrte immer zum Licht und Tisch zurück. Mir wurde wieder unheimlich, dass mir der Käfer in den Kleiderausschnitt, besonders im Rücken fallen könnte, wo ich allein mich nicht von ihm befreien konnte. Erst setzte ich meinen breiten Samoahut auf und zur Sicherheit spannte ich noch meinen Sonnenschirm auf und so vertiefte ich mich in mein spannendes Buch. Und so überhörte ich die Rückkehr Vaters, der plötzlich im Zimmer stand und mich verwundert betrachtete. Als ich den Zweck des aufgespannten Schirmes erklärte, wurde er ärgerlich und ich schlich beschämt in die Küche und trug Vater das warmgehaltene Essen auf. Und »bumms« saß der Käfer neben Vaters Teller. »Nun sieh mal, so ein schönes und harmloses Tier!« (Von wegen harmlos! War es ein Nashornkäfer, so konnte er ganze Kokosplantagen vernichten), »Wie kannst du dich davor fürchten?« Behutsam wollte Vater den Käfer in die Hand nehmen, als er mit lautem »Autsch, Autsch!« die Hand heftig hin und her schlenkerte. Unter der Wucht der Bewegung riss der schwere Körper vom Kopf ab, der aber hielt sich noch fest am Finger mit seiner Zange eingebissen, sodass an beiden Stellen dicke Blutstropfen standen. Da hatte ich aber meine Genugtuung! Vater sagte nichts mehr und ließ sich den verwundeten Finger geduldig desinfizieren und verbinden.

Den Körper fand ich am anderen Morgen in einer Ecke des Zimmers, von Ameisen schon ganz ausgefressen, nur die äußere Hülle war mit den Beinen noch vollkommen da. Hier sind die kleinen flinken Tiere ganz ausgezeichnet am Platz. Kein Aas lassen sie liegen, alles finden sie, die Gesundheitspolizei! Diese beiden Episoden blieben mir besonders im Gedächtnis von vielen ähnlichen.

Die Vogelwelt war besonders durch mehrere Arten von Wald- und Fruchttauben vertreten, die, zum Teil hübsch gefiedert, herrliche Suppen und Braten gaben und auch geräuchert eine Delikatesse waren. Kleine Papageien, Kolibris, Seeschwalben und allerhand Möwen konnten wir beobachten, darunter auch den Tropikvogel, der schneeweiß am Schwanz eine einzelne, lange, nur am letzten Ende mit einer Fahne besetzte Feder trug. Manchmal sah ich auch den Manuele, Sultansvogel, über einen umgehauenen Baumstamm laufen, ein schwarzer Vogel, groß wie ein Rabe, aber hochbeiniger, mit rotem Schnabel und ebensolchen Beinen und einem Krönchen auf dem Kopfe. Er ist leicht zu zähmen und heißt auch Häuptlingsvogel.

Es tut mir leid, nicht mehr die Natur beobachtet zu haben. Damals hatte ich viele andere Dinge und Sorgen im Kopf, dann vergrößerte sich die Familie und die Interessen gingen andere Wege. Auf nächtlichen Ritten strich manchmal lautlos ein zarter, weicher Flügel am Gesicht vorbei, das war dann eine große weiße Eule, ein prächtiges Tier. Einmal sah ich eine, die ein Neuling geschossen hatte. Den Samoanern ist sie heilig. Lange konnte ich sie betrachten. Weich und flaumig waren die Brustfederchen und sie – wie auch die großen Schwingen, ausgebreitet wohl eineinhalb Meter weit – waren schneeweiß und mit einem feinen hellbraunen Rand versehen.

Tagsüber konnte man besonders in den Mangobäumen merkwürdige Früchte hängen sehen, wie viele kleine schwarze Rollschinken. Abends wurden alle lebendig. Das waren die fliegenden Hunde, englisch *flying fox*, die nachts erst durch die Dunkelheit streifen und manches Insekt verzehren, doch ihre Hauptnahrung ist Obst. Darum ziehen sie auch die Mangobäume wegen ihrer köstlichen Früchte gleich als Schlafplatz vor.

Samoa hat als aus dem Meer vulkanisch emporgehobene Insel keine große Fauna, sie beschränkt sich auf Insekten, Vögel und Fische. Die sich entsetzlich vermehrenden Ratten sind durch Schiffe und ihre Güter, zunächst wohl durch die Walfischfänger, die in früheren Zeiten sicher die ersten weißen Besucher der Südseeinseln waren, eingeschleppt worden. Polizeilich wurde scharf darauf gesehen, dass zu bestimmten angegebenen Zeiten alle Pflanzungen und

Grundstücke systematisch vergiftet wurden, um nur etwa der Plage Herr zu werden. Dann mussten natürlich alle Haustiere eingesperrt bleiben und das Gift, das natürlich sorgsam nur auf vorbereitete Plätze ausgelegt wurde, musste nach einigen Tagen wieder weggenommen werden.

Die Wildschweine, auf die die Samoaner mit Leidenschaft Jagd machten, stammen von verwilderten Hausschweinen ab, die schon in sehr früher Zeit eingeführt worden sein müssen. Sie haben das Aussehen des Schwarzwildes angenommen, die Farbe, die dichten Borsten und großen Hauer. Auch verwildertes Rindvieh sollte es in den Talschluchten geben, man fand auch ab und zu weit ab von irgendwelchen Viehweiden ihre Losung, aber ich weiß keinen, der sie gesehen hat. Schlangen waren nur durch eine harmlose Wasserschlange, die eine Länge von drei Metern erreichte, vertreten. Dagegen gibt es alle Arten von Eidechsen, wunderhübsch, vielfarbig schillernd und zierlich flink, solche die den Geckos gleichen und plump und stumpf in der Farbe sind, aber alle sind eifrige Vertilger von Mücken und anderem Ungeziefer.

Unser kleiner Bach barg köstliche Krebse, die jährlich ein Festessen gaben, wenn die Wasserleitung gereinigt wurde und zu dem Zweck das Wasser abgelassen wurde. Auch Aale fingen wir dort. Das Meer spendete Schildkröten und Langusten und eine Menge guter schmackhafter Fische. Als besondere Spezialität taucht Jahr für Jahr im November der Palolowurm auf, die größte Delikatesse der Samoaner. Den Zoologen war er ein großes Rätsel, ist es vielleicht heute noch. Sein Erscheinen wird von den Samoanern genau auf die Stunde berechnet und ist Anlass besonderer Freude und Festlichkeiten. Abends mit der Flut verlassen die leichten Eingeborenenboote und Einboote das schützende Korallenriff, das die Inseln fast lückenlos umgibt. Im Mondenschein und bei Fackelbeleuchtung tummelt sich das fröhliche Völkchen unter Gesang und Spielen auf der leise wogenden Flut in der lauen Nacht, bis auf einmal das Wachboot Signal gibt, dass der Wurm auftaucht. Erst kommen sie nur vereinzelt, um bald die ganze Wasserfläche einzunehmen, und eifrig beugt sich jeder und schöpft mit allen möglichen Gefäßen den seltenen, köstlichen Leckerbissen. Roh und gekocht wird er verzehrt. Er sieht gekocht wie durch den Fleischwolf gedrehter Spinat aus und schmeckt sehr salzig. Ich musste zu viele Hemmungen überwinden, um Geschmack an ihm zu finden, aber es gibt genug Weiße, die sich mit den Eingeborenen freuen, wenn es einen großen Palolosegen gab.

Hier muss ich noch von einem Leckerbissen der Samoaner sprechen. An den Baumstämmen unter der Rinde schmarotzerten Käferlarven, lang und dick wie der Mittelfinger, weiß, ordentlich fett anzusehen. Diese auf ein Stöckchen gespießt und über dem Feuer eben angeschmort, oder gar auch roh, verschlangen unsere Arbeiter mit ordentlichem Grunzen der Befriedigung. Ich aber wendete mich!!

DIE GESELLSCHAFT AUF SAMOA

Mit den Eingeborenen kam ich nur gelegentlich in nähere Berührung, hauptsächlich in der ersten Zeit, da sie unsere alleinigen Arbeitskräfte waren. Heute würde man es selbstverständlich finden, wenn ich mich einmal selbständig gemacht hätte und auf Entdeckungs- und Forschungsfahrt gegangen wäre und ich bedaure es aufrichtig, dass zu meiner Zeit keine Frau auf diese Idee gekommen wäre, ich selbst zu allerletzt. Heute, da es zu spät ist, habe ich für all dies das brennendste Interesse und nirgends könnte eine Frau ungefährdeter allein ihrer Wege gehen.

Wir besuchten einige Male den *alii sili*, so ist der offizielle Titel des Königs von Samoa, Mata'afa, auf Deutsch Feuerauge. Er hatte als tapferer Krieger tätig mitgewirkt bei den Kämpfen um die Vorherrschaft auf Samoa. Sein Gegner war der von den Engländern gewählte Laupepa (Blatt Papier) wegen seiner schwächlichen, schwankenden Haltung. Nach der Deutschwerdung wurde er ein loyaler Untertan des deutschen Kaisers. Sein Amtssitz war in Mulinuu, ein Dorf auf einer Landzunge, die im Westen den Hafen von Apia umfasste. Das Regierungs- und Empfangshaus ist ein schönes *fale tele* (Großhaus).

Die samoanischen Häuser darf man nach der Meinung vielgereister und erfahrener Forscher zu den schönsten rechnen, die man je bei einem Naturvolk gefunden hat. Der Aufenthalt in solchen reinlichen, gepflegten Häusern ist angenehm und erquickend und sollte eigentlich dahin geführt haben, dass die Weißen sich wenigstens das Gute dieser Bauart angeeignet hätten. Freilich, die Bedürfnisse sind ja auch ganz verschiedene. Das dichte Grasdach schützt gegen die heiße Sonne so gut wie gegen den schwersten Tropenregen. Nach allen Seiten ist es offen, sodass die kühle Seebrise ungehindert Eintritt hat. Nachts oder bei schlechtem Wetter lässt man jalousieartige Matten zwischen den Pfosten herunter und man sitzt im gemütlichen geschlossenen Hause. Es hat freilich nur einen Raum, der durch Herunterholen der Schlafmatten, die tagsüber ihren Platz im Dachgebälk haben, nachts in ein Schlafzimmer verwandelt wird. Der Boden ist mit runden Steinen dicht belegt und mit reinlichen Sitzmatten bedeckt. Die Küche hat ein eigenes Haus, nur ein kleines Feuerchen in der Mitte des Hauses wird unterhalten und mit feuchtem Brennmaterial gespeist zur Abwehr der Moskiten. Früher diente es auch zur Beleuchtung, aber Petroleumlampen aller Arten, meist die einfache runde Stallampe, *molimatagi* (Windlicht), haben ihren Eingang in alle Häuser gefunden.

Das Merkwürdigste an der ganzen Bauart ist wohl, dass im ganzen Haus kein Eisen, also kein Nagel gefunden wird, alles ist mit selbstgeflochtenen Kokosschnüren gebunden und verschnürt. Noch zu meiner Zeit waren alle Häuser auf diese Weise gebaut und ihre Zimmerleute standen in hohem Ansehen. Die Kokosschnüre sind für vieles im samoanischen Haushalt, Jagd und Fischfang wichtig und man kann fast immer alte Männer an den Hauspfosten sitzen sehen, die mit dem Flechten derselben beschäftigt sind.

Fale (samoanisches Haus)

Fale mit aus Witterungsgründen heruntergelassenen Matten

Inneres eines Fale

Samoanisches Versammlungshaus

Versammlungshaus im Bau

Wir machten also eines Tages unseren ersten Besuch bei Mataʾafa, nachdem wir uns durch die katholische Mission hatten anmelden lassen. Er war Katholik und zwar ein überzeugter und frommer. Sein christlicher Name war Josef und zu Ehren seines Namenspatrons ging er regelmäßig am Mittwoch, welcher dem heiligen Josef ja geweiht ist, zur heiligen Kommunion. Wir fuhren also in unserem Buggy vor und fanden vor dem Hause den von uns bestellten Regierungsdolmetscher Karl Schneider uns erwartend. Er war Halbweißer, war Zögling der Londonmission, warum er sich lieber Charly Tailor nannte, und war ein ganz gefährliches Subjekt. Für unsere erste Begegnung mit Mataʾafa war er aber gerade aus diesem Grunde unumgänglich notwendig. Er war es doch, der damals den ersten Besuch Vaters bei Mataʾafa gemeldet und harmlose Gespräche in echt englischer Weise verdreht hatte.

Wir wurden ins Haus geführt und Mataʾafa empfing uns als Herrscher im Rundteil des Hauses sitzend. Freundlich lächelnd bot er uns die Hand und Vater an seiner Seite Platz auf den schönen Matten, mit denen dieser ganze Teil des Hauses bedeckt war. Ich ließ mich neben Vater auch mit gekreuzten Beinen nieder. Auf der anderen Seite und neben mir nahm der ganze Stab Mataʾafas Platz.

Auf einen Wink kam eine junge, hübsche Samoanerin, empfing von einem der Häuptlinge eine Kawawurzel[27] und begab sich zu zwei Gefährtinnen im gegenüberliegenden Teil des Hauses, wo die Wurzel zerrieben und mit Wasser in einer großen wunderschönen holzgeschnitzten Kawaschüssel vermischt wurde. Dann siebte sie mit einem Bündel Bast die Holzteilchen der Wurzel aus der Brühe, den Bast jedes Mal mit einem kräftigen Schwung ausschleudernd, bis nichts mehr davon drin war. Schließlich füllte sie eine halbe Kokosnussschale, die glatt und braun poliert war, halb voll und der Sprecherhäuptling rief feierlich den Namen und die Eigenschaften dessen aus, dem der Becher kredenzt werden sollte, was durch eine junge Samoanerin auf graziöse und feierliche Weise geschah. So trank zuerst Mataʾafa und goss den Rest hinter sich aus, dann Vater und einige Häuptlinge und fast zuletzt bekam ich den Becher.

---

27 Kava (Rauschpfeffer) ist eine Pflanzenart aus der Gattung der Pfeffergewächse. Aus ihren meist getrockneten und pulverisierten Pflanzenbestandteilen wird ein traditionelles Getränk des westpazifischen Raumes hergestellt, das vor allem als Zeremonialgetränk bei religiösen oder kulturellen Anlässen konsumiert wird.

Richard (zweiter von links, sitzend in der vorderen Reihe) zu Besuch bei
Josefa Mata'afa

Zubereitung des Kawatrunks

Wie schmeckt nun dieser Nationaltrunk? Mit etwas Bangen und Ekel nahm ich ihn entgegen. Vater und Charly, der hinter uns stand, flüsterten, ich brauche nur zu nippen. Ich aber nahm einen kräftigen Schluck und fand ihn gar nicht schlimm. Kühl und ein wenig pfeffrig rann er die Kehle herab, nur das Aussehen des Trankes glich wohl einer Seifenbrühe. Später habe ich ihn schätzen gelernt an heißen Tagen oder nach einem anstrengenden Ritt. Bei unserem Arzt Dr. Funk gab es oft eine Kawa, er brachte auch immer eine Wurzel mit nach Tapatapao, um sie nicht zu entbehren, und schließlich hatten wir dann auch immer welche im Hause.

Jetzt nach der feierlichen Kawa begann die Unterhaltung, die ja an sich sehr gehemmt war durch die notwendige Übersetzung. Die Häuptlinge, die ein wenig deutsch oder englisch konnten, versuchten zu helfen und dann erschien die Nichte des *alii sili* mit einer schönen Matte, einigen Fächern und Tapas, womit mich Mata'afa beschenkte. Für diesen Fall hatte ich mir einen hübschen silbernen Becher eingesteckt, den mir Onkel Josef, ältester Bruder meiner Mutter, im Zuge der USA in Omaha geschenkt hatte. Es war ein silberner getriebener Becher mit Indianern und Büffeln drauf, den ich nun als Dank meinerseits Mata'afa anbot und ich glaube, ich habe ihm eine Freude gemacht. Was hätte ich anderes dem alten Herrn geben können? Ich hoffe doch, dass der Becher wirklich echt Silber war?! Ich denke an den Doublé-Ring[28] Vaters, über den sich Charly so aufgeregt hatte!

Der Eindruck, den Mata'afa auf mich machte, war vorzüglich. Seine Haltung war königlich, sein Auge klug und aufrichtig. Seine weißen Haare und der graue Schnauzbart zur braunen Haut gaben ihm etwas Ehrwürdiges. Nur ältere Männer lassen sich einen Schnurrbart und manchmal auch einen kurz gehaltenen Vollbart stehen, alle anderen sind glattrasiert. Haifischzähne und in neuerer Zeit Glasscherben dienen als Rasierklingen.

Näher kennen lernte ich eine Samoanerin, die Frau unseres Arztes Dr. Funk, die ich sehr schätzte und liebte. Ich war und bin noch immer entschiedene Gegnerin der Mischehen von Weiß und Braun gewesen, obwohl man verstehen konnte, wie sie zustande kamen. Der einsame weiße Mann im Busch war ohne Bequemlichkeit und ohne Fürsorge, meist ohne Gelegenheit, sich eine

---

28 Doublé bezeichnet ein unedles Metall mit einem dünnen Überzug aus Edelmetall.

weiße Frau kommen zu lassen, von der auch er nicht wusste, wie sie sich einleben würde, ob sie gesund blieb. Viele hätten überhaupt nicht die Mittel gehabt, sich eine kommen zu lassen. Da blieb ihnen keine Wahl, wenn sie die Gefährtin nicht entbehren wollten. Und die Samoanerin, weit über der Negerin stehend, sauber, gelehrig und auch für europäische Augen sehr hübsch, erschien wohl geeignet.

Aber die Ergebnisse waren oft sehr traurig. Für die Samoanerin war ihre Heirat mit einem weißen Manne mehr ein Geschäft. Er hatte viele Dinge, die ihrer Naivität erstrebenswert waren und von denen die *aiga* (Verwandtschaft; gesprochen »Ainga«) auch noch profitieren wollte. Der braune Mann stand ihrem Herzen näher, war ihr der liebere Liebespartner, obwohl da gewiss auch oft Ausnahmen waren. Das war sicher der Grund, warum sie dem Weißen nicht die treue Frau war wie dem Braunen. Meist kamen die Heiraten erst zu Stande, wenn schon Kinder da waren und der Vater diese nicht als Kanaker verkommen lassen wollte und sie zur Erziehung außer Landes schickte. Allerdings galten auch die *fa'a* (nach Art von) Samoaehen in der liberalen Auffassung der Südseemoral. Der weiße Mann, ohne Halt, sank oft zum Säufer herab und seine Frau und noch mehr die *aiga* beherrschten ihn. Die Kinder erbten weit eher die schlechten Eigenschaften beider Rassen und waren falsch und verlogen, faul, genusssüchtig und unmoralisch.

Die guten Beispiele waren eben die Ausnahmen von der Regel. So war Frau Dr. Funk in jeder Hinsicht eine Dame, gut erzogen und tüchtige Hausfrau, die auch nach dem Tode ihres Mannes sich seiner würdig hielt. Funk hatte es aber auch verstanden, die *aiga* in Respekt zu halten. Auch die Familien Beathem und Stowers waren vorbildlich, sogar in ihren vielen Kindern, die alle tüchtige Menschen geworden sind. Die Töchter heirateten wieder Weiße und waren tüchtige, brave Frauen; Die Männer heirateten teils halbweiße Mädchen, teils Samoanerinnen, bewohnten Häuser *fa'a papalagi* (wie die Fremden) und hatten auch deren Lebensstil beibehalten.

Leider gab es unter den weißen Frauen auch solche, die nicht als Vorbild für die braunen und halbweißen dienen konnten. Die Seltenheit der weißen Frau damals machten sie sehr begehrt. Das nutzten einige aus. Als nun kurz nach unserem Weggang von Samoa im Jahre 1911 Stimmen laut wurden gegen die Mischehen und gefordert wurde, dass Eheschließungen vor dem Standesamt nicht gestattet werden sollten, erhob sich unter den Halbweißen ein Sturm der Entrüstung und gerade die wenigen schwarzen Schafe unter den Weißen wurden als Beispiele herangezogen, dass diese um nichts besser seien als die Braunen oder Halbweißen. Es gab damals sogar einen kleinen Aufstand. Die erregten Frauen zogen los, den Prediger der Rassenreinheit zu teeren und zu federn. Doch die Polizei kam zuvor und nahm ihn in Schutzhaft und mit dem nächsten Dampfer schob sie ihn ab. Sie hatte Mühe wieder Ruhe und Ordnung zu schaffen. Die Zahl der Halbweißen ist beträchtlich höher als die der Weißen. Auch die Samoaner schätzten die Halbweißen nicht, sie sahen sehr auf sie herab und empfanden sehr wohl den höheren Wert der reinen Rasse.

Wenn ich solchen Erinnerungen nachhänge, da drängt sich mir immer wieder die Einsicht auf, dass alle diese kleinen Unruhen und Aufständchen ausgeheckt und ausgebreitet wurden durch die Londonmission. Ich werde noch öfter darauf hinweisen und das Wissen darum verdichtet sich immer mehr. Sollte doch Samoa der Ausgangspunkt des Weltkriegs werden. Das war die Meinung in der Südsee, die behandelt und ausgesprochen wurde in dem damals viel gelesenen Buch »Seekrieg 1906«[29].

Die Samoaner sind schöne Menschen, auch für europäischen Geschmack. Sie waren auch liebenswürdig, gastfrei, heiter und friedlich. Verbrechernaturen waren sehr, sehr selten unter ihnen. Dass im Lande des absoluten Kommunismus einer vergessen konnte, dass bei den Weißen das Mein und Dein feste Grenzen hat, kann nicht verwundern. Einbrüche und schwere Diebstähle kamen nicht vor, darum kannte man in Samoa, sowohl in Apia wie auch auf den Pflanzungen, keine verschlossenen Türen. Ich habe mich hier in Deutschland schwer daran gewöhnen müssen, nachts die Haustür und andere ins Freie führende Türen abzuschließen. Achtlos liegengebliebene Gegenstände, die man dann gerne als herrenlos auffasste, wurden dagegen mitgenommen und die Arbeiter vergaßen die gelieferten Buschmesser und Äxte zurückzugeben, man musste sie immer zurückverlangen.

---

29 Else Deeken bezieht sich hier wahrscheinlich auf das 1906 erschienene Buch »Der Seekrieg« des deutschen Marineoffiziers und Militärhistorikers Freiherr Curt von Maltzahn. Es beleuchtet die historische Entwicklung und politische sowie wirtschaftliche Bedeutung des Seekrieges anhand verschiedener Beispiele aus der Weltgeschichte und bespricht die Stellung des Seekriegs zu Beginn des 20. Jahrhunderts.

Der samoanische Kommunismus trieb oft komische Blüten. Da sah man nicht selten ein Brüderpaar, jeder mit einem der bekannten weißen Segeltuchschuhe mit Gummisohle herumlaufen. Einer hatte sie sich vielleicht von seinem Lohn gekauft oder irgendwo geschenkt bekommen, aber einen davon musste er seinem Bruder abgeben. Oder man sah zwei braune Reiter auf ungesattelten Pferden heransprengen. Jeder hatte einen Steigbügel und als Gegenstück ein Seil mit einer Schlinge, darin der dicke Zeh steckte. Der Strick, an dem die Schlinge auf der einen und das Eisen auf der anderen Seite hing, war grausamerweise über den nackten Pferderücken gelegt. Solche Bilder sah man nicht einmal, sondern immer wieder und auf alle möglichen Arten. Freunde schenkten ihrem samoanischen Kindermädchen zu Weihnachten ein Paar Ohrringe. Am selben Abend mussten sie ihr noch die Ohrlöcher bohren und sie ihr anlegen, damit ihr nicht einer abgenommen wurde für die Schwester oder Base!

Irgendwelche Angriffe auf weiße Frauen sind mir nie zu Ohren gekommen, aber eine unerhörte Frechheit habe ich selber mal erlebt. Als wir noch auf Vailima wohnten, ging ich abends gerne Vater ein Stück des Wegs entgegen, wenn er von Apia heimkehrte. Da traf ich oft zwei bildhübsche Samoabengels im Alter von achtzehn bis zwanzig Jahren, die, wie ich später erfuhr, in Diensten und aus der samoanischen Verwandtschaft von Mr. Moors waren. Sie ritten dann ein paar stattliche Pferde in die Schwemme. Eines Abends sprangen sie ab und redeten mich an. Aus ihrem Pidginenglisch glaubte ich zu verstehen, dass sie Arbeit im Busch haben wollten. Das war gut möglich, denn wir beschäftigten damals viele Kontraktarbeiter mit dem Niederlegen des Urwaldes. Ich sagte ihnen so gut ich konnte, sie sollten mit mir warten, denn Vater käme gleich, mit dem sie dann darüber reden könnten. Davon wollten sie nichts wissen und fragten dringender, ob ich nicht mit ihnen in den Busch gehen wollte. Ich konnte mich absolut nicht mit ihnen verständigen und so redeten wir aufeinander ein, bis der Hufschlag erklang, der mir Vater ankündigte. Er hatte sich etwas verspätet, die kurze Dämmerung war schon gekommen. Meine beiden Samoaner das hören und auf die Pferde springen und eiligst davon reiten war eins. Mir ging da schon ein Licht auf und Vater bestätigte es mir, dass die beiden ganz was anderes gewollt hatten als arbeiten! Aber keiner der beiden hatte mich bis dahin auch nur angerührt. Sie waren natürlich, wie sich herausstellte, Zöglinge und Früchtchen der Londonmission gewesen.

Mit unseren samoanischen Arbeitern hatten wir viel Ärger. Groß und stark gebaut, betrachteten sie das Baumfällen als eine Art Sport, den sie gerne trieben. Aber der regelmäßigen, harten Arbeit ungewohnt, schwänzten sie gerne den Kontrakt und nur dann, wenn der Steuertermin oder die großen freiwilligen Abgaben an die Londonmission kamen oder ein besonders großes Fest oder ein Hausbau oder die Anschaffung eines großen Bootes für die Dorfschaft geplant waren, dann konnte man Arbeiter bekommen, die einen Kontrakt durchhielten. Dabei kann man die Samoaner nicht einmal faul schelten. Warum sollten sie denn so unentwegt arbeiten, wenn sie es doch durchaus nicht nötig hatten? Ihre Felder, ihre Hausplätze, ihre Häuser und Wege waren gepflegt und in tadellosem Zustand. Alles wächst ihnen in den Mund, die Jagd und der Fischfang lieferten Fleisch und Fische in ausreichendem Maße und die Kleidung war, Gott sei Dank, noch sehr sparsam, was für Naturvölker für die Gesundheit äußerst wichtig ist. Warum also arbeiten? Es gibt doch nichts, was sie sich für das Geld kaufen können. Glücklich das Volk, das noch so bedürfnislos sein kann, jedenfalls ist das für die primitiven Völker der gesundeste Zustand, denn wenn erst fremde Bedürfnisse geweckt sind (und das heißen die Amerikaner und Engländer zivilisieren!), dann beginnt meist der Untergang des Volkes. Das Drängen zur Eile und zum Vorwärtsmachen der Weißen konnten sie nicht begreifen. Die Samoanerinnen, die ich zeitweise im Hause beschäftigte, machten ihre Arbeiten sauber und nett, aber kommst du nicht heute, dann vielleicht morgen: *fa'atali* (warte) war das meistgehörte Wort auf Samoa.

Wir hatten einen Vorarbeiter, Osassa, ein gerissener Kerl, der aber seine Leute gut in der Hand hatte und immer genügend zusammenbrachte für Kontrakte. Ich glaube, die Häuptlinge bedienten sich auch seiner, wenn sie mal Geld nötig hatten und sorgten, dass Männer ihres Dorfes den Kontrakt machten. Manchmal kam er abends, wenn er Vater noch abwesend wusste, und bat mich um »a little Whisky«. »Me so sick«, dabei drückte er seinen Magen. Samoaner trinken im Allgemeinen keinen Alkohol und es war auch verboten, ihnen außer als Medizin solchen zu geben. So hat er manchmal einen kleinen Schnaps bei mir herausgeschunden, bis ich ihn einmal anführte und ihm Rizinus gab. Einmal kam er und fragte mich: »Have you a bible, I forgot him!« Ich hatte keine, die er lesen konnte. Dann mal stolzierte er mit einem schwarzen Bändchen um den Hals, an dem eine kleine Medaille hing, ein Zeichen, dass er zur katholischen Mission ging. »I am a Katholik.« »Ich dachte, du gehörst zur Londonmission?« »Oh, yes, me Londenmission. Me see you good, Master, Missis, so good. You Katholik, me Katholik.« Einen Monat später arbeitete er auf der Nachbarpflanzung bei einem Engländer Harman, da trug er die Medaille nicht mehr! Da war er zur Londonmission zurückgekehrt. Gerissene Burschen und doch Kindsköpfe!

Einen ähnlichen Fall erlebte ich einmal mit einem Hausmädchen. Leala war eine reizende Dirn, noch so jung, dass sie noch dem samoanischen Lehrer unterstand, der in ihrem Dorf den weißen Missionar vertrat. Ihre Arbeit war das Hüten der Kinder, Liese und Gottfried. Wir erwarteten eines Sonntags die Marineoffiziere des »Kormorans« als Mittagsgäste und so bat ich Leala diesen Samstag, Sonntag nicht wie sonst nach Hause zu gehen, sondern mir zu helfen. Das tat sie auch willig und ohne Einspruch. Als sie nun die folgende Woche wieder nach Hause gegangen war, kam sie für eine ganze Woche nicht wieder, ließ aber sagen, die folgende wäre sie wieder da. Richtig, den Montag erschien sie wieder, ein wenig verlegen, und trug das bekannte schwarze Bändchen mit der Medaille. Auf meine verwunderte Frage danach kam erst langsam, dann wie ein Sturzbach und mit Zornestränen gemischt die Antwort, dass sie vom Lehrer so furchtbar verhauen worden sei, weil sie den einen Sonntag nicht in die Kirche gekommen sei, obwohl sie gesagt habe und die Eltern es bestätigt hätten, dass sie mir hätte helfen müssen. Nun sei sie in die katholische Mission gegangen, wo sowas nicht vorkomme, obwohl man da auch sonntags zur Kirche müsse. Sie müsse jetzt wohl ins Nachbardorf laufen, aber bei den Patres sei es schön, sie sei die ganze Woche bei ihnen in die Schule gegangen, man habe sie als Schülerin aufgenommen. Erst müsse sie jetzt zeigen, dass sie bleiben wolle, eher würde sie nicht aufgenommen. Aber sie wisse, dass sie bleiben würde. Sie blieb auch und wurde Katholikin. Ob sie später nicht wieder wechselte, weiß ich nicht.

Durch das leichte Wechseln zwischen den Missionen kam es, dass es nach deren Statistiken weit mehr Samoaner gab, als von der Regierung gezählt werden konnten. Da waren denn manche Samoaner zwei, drei, sogar vielleicht viermal gezählt worden, wie sie zwischen den sieben verschiedenen Missionsgesellschaften, die alle, von den Deutschen vorgefunden, auf dem kleinen Samoa zugelassen waren, wechselten. Keine der Gesellschaften war deutsch, die Londonmission war englisch, die katholische französisch, wie aber schon

Oben: Richard mit einem samoanischen Arbeiter
Links: Samoanisches Kindermädchen mit Gottfried auf der Hüfte

erwähnt, schickte sie deutsche Patres, die anderen, die Wesleyaner, die Mormonen usw. waren alle amerikanisch.

Und welch sonderbare Missionare waren darunter! Da war mal ein deutscher Schuster, der nachher ein wenig durchgedreht war. Er wurde abgeschoben, blieb aber in Amerika hängen. Dort bekam er eine »Erleuchtung«, wurde ein Vierteljahr als Missionar ausgebildet und kam nach Samoa als solcher zurück! Man muss bedenken, dass er ein ganz ungebildeter Mann war. Er gehörte, wenn ich nicht irre, der wesleyanischen Mission an. Er wurde auf die braunen Menschen losgelassen als Führer und Seelsorger! Aber lange tat es nicht gut. Er hatte wirklich etwas gestörte Sinne, was nachher schlimmer wurde. Er saß unter seinem Hause und meinte, er sei ein Hahn und krähte stundenlang. Er wurde dann endgültig abgeschoben in eine Anstalt.

Die samoanischen Kinder sind als Säuglinge fast weiß, sehen gar nicht nett aus und werden erst mit der Zeit braun. Dann sind sie reizend mit ihren großen schwarzen Augen und den runden Gesichtern. Ein fröhliches Völkchen, immer zu Spiel aufgelegt. Sie sind gutartig, folgsam und bescheiden, trotzdem sie sehr verwöhnt werden. Kinder sind der Stolz des Dorfes, darum ist es durchaus keine Schande für ein Mädchen, ein Kind vor der Ehe zu haben. Es sind genug da, die es aufnehmen, ja es können zwischen den Familien der Eltern Streitigkeiten darum entstehen. Es herrscht aber das Mutterrecht bei den Samoanern, die Familie der Mutter ist ausschlaggebend. Das Kind des Häuptlings von einer niedrig geborenen Mutter kann nie ein Häuptling werden, es sei denn durch Adoption durch eine hohe Familie. Dagegen umgekehrt ist das Kind einer Häuptlingstochter immer hochgeboren.

Eine besondere Stellung nimmt die *taupo* ein, die Dorfjungfrau. Ein jedes größere Dorf wählt sich die Dorfjungfrau, also die vorbestimmte Nachfolgerin der augenblicklichen, schon als kleines Kind. Wenn die Häuptlingsfamilie des Ortes kein passendes Kind hat, so wählt sie sich eines aus einer anderen Dorfschaft, natürlich nur aus einer Häuptlingsfamilie. Die Eltern werden durch feine, kostbare Matten entschädigt, denn das Kind wird vom Dorfhäuptling adoptiert und gehört nun der neuen Heimat. Das geschieht unter großen Feierlichkeiten. Die künftige *taupo* wird für ihren Posten von Anfang an erzogen. Sie hat einen ganzen Hofstaat alter Weiber um sich, die zunächst für ihr körperliches Wohl sorgen, dann aber, wenn sie zur Jungfrau herangewachsen ist, für ihre Tugend verantwortlich sind. So frei die übrigen Mädchen über sich verfügen können, eine *taupo* muss Jungfrau sein. Die Erziehung erstreckt sich auf eine vollendete Körperpflege, darum sind die *taupo* meist von viel hellerer Hautfarbe, dann auf feine Sitten. Sie lernt die ganz feinen Matten flechten und andere Handfertigkeiten, denn sie muss bewandert sein in allem, was das samoanische Leben betrifft. Das Zeremoniell der hochgeborenen Samoaner, die glauben, von der Sonne abzustammen, ist nicht so einfach, und die *taupo* ist Trägerin desselben, sie ist auch die Trägerin der Tradition. Sie lernt tanzen und die kostbaren Matten flechten. Ohne Schreiben zu können, haben die alten Samoaner eine lückenlose Geschichte ihrer Geschlechter, Überlieferungen vieler Jahrhunderte. Durch alte Gesänge werden sie gegenwärtig gehalten und die *taupo* muss sie dem kommenden Geschlecht übermitteln. Ihre Stellung ist gleich hinter dem Dorfhäuptling und dank ihrer Erziehung ist sie wohl im Stande, an den Beratungen der Alten mit teilzunehmen. Sie vertritt das Dorf bei allen feierlichen Gelegenheiten, sei es, dass Gäste kommen, oder dass das Dorf bei Festen anderer Ortschaften vertreten werden soll. Sie schreitet voran, gleich hinter dem Häuptling, ja, bei Kriegen, die es früher oft zwischen den Dorfschaften gab, führte sie an, feuerte die Kämpfer zu mutigen Taten an und trug Wasser und Erfrischungen mitten in die Reihen der Krieger. So hatte sie mannigfaltige Pflichten, war dafür aber auch der Liebling und Stolz des ganzen Dorfes. Ihre endliche Heirat war immer eine politische Aktion. Wenn die *taupo* von Apia mit ihrem Hofstaat von alten Weibern durch die Stadt zog, sie einige Schritte voran, entweder in feine Matten gehüllt, wenn sie zu einem offiziellen Besuch ging, oder mit einem *lavalava* aus tiefviolettem Samt mit dito seidenem Brusttüchlein, einen Sonnenschirm graziös geschultert, so war das ein Bild, und sie wusste auch darum.

Die Haare der Samoanerinnen sind schlicht lockig, lassen sich leicht und hübsch zu hohen Frisuren auftürmen. Als Kinder tragen sie sie kurz geschoren, die Buben oft wie rasiert und nur eine Locke bleibt irgendwo auf dem Scheitel oder gar über einem Ohr stehen. Die jungen Mädchen tragen sie meist lang und offen, aber man sieht auch kurz Verschnittene, die durch Einreiben mit Kalk eine rötlich braune Färbung bekommen haben, was nicht einmal schlecht aussieht. Die Männer, die in früheren Zeiten lange Haare trugen, haben sie jetzt im Nacken kurz und vorne eine zurückgekämmte Bürste. Unter den Männern findet man Gestalten, die an die schönsten Werke griechischer Bildhauer erinnern.

SITIVI- EIN SAMOANISCHER AMOKLÄUFER

Hier muss ich auch die Geschichte von Sitivi erzählen. Aus Indien hört man oft von Amokläufern. Das sind Menschen, die durch irgendetwas in rasende Wut versetzt und wahnsinnig geworden sind und nun blindwütig darauf loslaufen und alles, was ihnen in den Weg kommt, niederstechen. Einen ähnlichen Fall hatten wir auch einmal auf Samoa. Sitivi, von der weißen Zivilisation angekränkelt, war schon einige Male wegen kleiner Eigentumsdelikte vorbestraft. Als er einmal von einer Gefängnisstrafe heimkehrte, erfuhr er von der Untreue seiner Frau. Da sich der Ehebrecher schon in Sicherheit gebracht hatte, schoss er aus einem Hinterhalt seine Frau nieder. Die Verletzung war nicht tödlich, sie wurde wiederhergestellt. Sitivi ließ sich nach der Tat ruhig ins Gefängnis abführen. Der *calabus* (Gefängnis) war leicht gebaut und leicht konnten die Gefangenen entweichen, was aber selten vorkam. Erst mit der Einfuhr chinesischer Kontraktarbeiter haben sie das Ausbrechen von diesen gelernt, vorher konnte man die Delinquenten nach der Arbeit allein und friedlich in ihren unfreiwilligen Aufenthaltsort zurückkehren sehen. Darum war es nötig, diesen wirklichen Schwerverbrecher in Ketten zu legen und ihm zur Arbeit auch kein Messer zu geben. So hockte er gefesselt zwischen den anderen Gefangenen und musste mit den Händen die Straße jäten. Seine männliche Ehre und die samoanische Empfindlichkeit waren aufs Äußerste gereizt und dazu kam noch der Spott, mit dem seine Landsleute sehr freigiebig sind.

Trotz aller Sicherheitsmaßnahmen gelang es ihm, doch auszubrechen. Ein Werkzeug zum Auffeilen seiner Fessel ist ihm sicher zugesteckt worden. Es war einige Tage vor Pfingsten 1907. Seine Rache und Wut war gegen alle Weißen gerichtet, natürlich zuerst gegen den Richter, den er in jedem Beamten sah. Pfingstsonntag hatte eine kleine Gesellschaft aus Apia einen Ausflug an den wunderschönen Lanutoosee, ein Kratersee hoch oben in den Bergen, gemacht. Der Landmesser, Herr Haidlen, war beim Abstieg der anderen Gesellschaft voraus und wurde auf dem Lotopawege aus dem Hinterhalt von rückwärts von einem samoanischen Speer durchbohrt. Zum Glück verletzte der Speer, der unter dem Zwerchfell durchging, keine lebenswichtigen Organe. Nach kurzem Krankenlager war Herr Haidlen wieder geheilt. Jetzt wurden alle Pflanzungen und samoanischen Dörfer alarmiert, nach dem Flüchtling zu fahnden. Aber im Urwald verliert sich ein Samoaner wie eine Stecknadel in einem Heustadel.

Dienstag nach Pfingsten tauchte Sitivi in Afiamalu unterhalb des Tiavipasses auf. Afiamalu war die Nachbarpflanzung mit Erholungsheim für Erholungsbedürftige von der Küste von unserem Malololelei und gehörte Hennigers. Herr Henniger war in seiner Pflanzung ziemlich weit entfernt vom Hause, in dem sich seine Frau mit Töchterchen allein befanden. Sitivi musste die Gelegenheit ausgekundschaftet haben. Er trat frech zur Haustür herein und verlangte *afikusi* (Streichhölzer). Frau Henniger gab sie ihm ahnungslos, denn bis hierher war noch keine Kunde von Sitivi gedrungen, und wenn, so wäre sie kaum auf den Gedanken gekommen, in jedem fremden Samoaner Sitivi zu sehen. Dann verlangte er, Frau Henniger sollte mit ihm in den Busch gehen, was einer Vergewaltigung gleichgekommen wäre. Da sie sich weigerte, warf er die kleine zarte Frau zu Boden, aber die treue Wurst, ein Monstrum von einem Hundebastard, niedrig mit krummen Beinen wie ein Dackel, fett, mit Schnauze und Ohren eines Spitzes, verteidigte sein Frauchen und verbiss sich in das Bein des Angreifers. Gott sei Dank hatte der keine Waffe, weder Buschmesser noch Axt, aber er musste den Hund abwehren, da konnte die Frau wieder hochkommen. Noch zweimal musste sie den gleichen Angriff durchmachen, dann tat sie, als wolle sie ihm zu Willen sein und nur noch etwas im Hause holen. Da ließ er sie los und sie konnte ihm solch einen heftigen Stoß versetzen, dass er über die Schwelle taumelte. Sie schlug die Türe zu und schob den Riegel vor. Dann nahm sie ihr Kind und trug es die Leiter zum Dachboden hinauf, holte die treue Wurst nach und zog dann die Leiter nach oben und ließ die Falltür nieder. So saß sie Stunden unter dem sonnendurchglühten Wellblechdach, hörte erst noch das Tappen und Suchen des Samoaners und fürchtete Brandlegung. Aber ihr spurloses Verschwinden musste dem Verbrecher unheimlich geworden sein, zudem musste er die Rückkehr des Pflanzers, der sicher Buschmesser und Axt bei sich hatte, befürchten. Kurz und gut, er verschwand im Busch. Als Henniger heimkam, die Haustür verschlossen und nur durch die immer offenstehende Verandatür Eingang fand, musste er lange rufen, bis seine Frau den Mut aufbrachte, die Bodentür zu öffnen und schließlich herunterzukommen. Nie war es erhört, nie hatte man auch nur daran gedacht, dass ein Überfall durch Samoaner möglich wäre, eher hätte man es den chinesischen Kontraktarbeitern zugetraut. Wald und Pflanzungen wurden am Tiavi abgestreift, Sitivi aber war schon weit fort.

In dem Hauptpflanzungsbezirk im Westen der Insel, der Tiavipass verband im Osten die Nord- mit der Südseite, hatte unser Freund Schantz eine schöne Kakaopflanzung. Als er in diesen Tagen einmal aus dem nahen Eingeborenendorf zurückkehrte, vermisste er sein Gewehr und Munition. Ihm war unbegreiflich, wann und wer diese Dinge weggenommen haben konnte. Sein Hausjunge wusste ebenso wenig. Aber am anderen Tage wurde auf seiner Nachbarpflanzung, die zwei Brüdern Hirsch gehörte, der eine auf dem Heimweg von der Arbeit erschossen. In Verdacht kam sogar der Bruder, weil die beiden am Morgen einen Disput hatten, wie der Hausjunge aussagte. An Sitivi dachte keiner, da man nicht wusste, dass er eine Schusswaffe hatte, auch kannte er weder die Brüder Hirsch noch hatten ihm diese jemals etwas Böses getan. Da Sitivi vor seiner Flucht Drohungen gegen den Richter ausgestoßen, diese sogar schriftlich auf Samoanisch hinterlassen hatte und nun die verschiedenen Überfälle bekannt wurden, schlief der Richter nicht mehr allein in seinem kleinen Hause am Meer, das wie alle Häuser der Stadt für sich in einem Gärtchen stand und keine verschließbare Tür hatte. Als Herr Imhoff eines Morgens nach Hause kam, fand er zwei abgeschossene Patronenhülsen auf seinem Klavier vor, dabei ein Zettel, »für ihn seien auch noch welche da«, unterschrieben mit »Sitivi«. Nun wusste man, wer das Gewehr bei Schantz gestohlen und den jungen Hirsch umgebracht hatte. Er hatte sich also in die Stadt gewagt. Das heißt, von einem Wagnis konnte man kaum sprechen, im Dunkeln war es ihm ein Leichtes, sich einzuschleichen, und die braune Polizei hätte ihn vermutlich laufen lassen. Schließlich halten die Eingeborenen doch immer zusammen, es sind da auch so viele Familienbindungen, die ein Weißer nicht erahnen kann.

Die Sitivifurcht nahm immer groteskere Formen an. Nachdem mehrere Male Speere auf die Veranda der Gouverneursvilla gefallen waren und Flintenschüsse nach dort abgegeben wurden, ohne dass man den Täter in der Dunkelheit finden und fassen konnte, saßen Dr. Solf und seine Hausgenossen nur mehr *fa'a* Samoa auf dem Fußboden im Zimmer im oberen Stock bei abgeblendetem Licht, um keine Zielscheibe zu bieten. Auch wir saßen auf der Veranda nur mehr im Dunkeln und im Zimmer hatten wir die Glastür, die auf die hintere Veranda führte und durch die man von dem aufsteigenden Berg her bei Lampenlicht direkt auf den Esstisch sehen konnte, mit einer Decke verhüllt. Unser wachsamer Hund durfte nachts nicht mehr frei umherlaufen, sondern wurde auf der Veranda angebunden, damit er nicht von Sitivi getötet wurde und wir dann keinen Wächter mehr hätten. Unsere geladenen, aber gesicherten Revolver lagen griffbereit auf dem Kleiderschrank im Schlafzimmer. Nachdem Sitivi mehrere Male in unserem Chinesenhause gewesen und dort mit den Kulis gegessen hatte, wurde er einmal von einem der Aufseher nach einem veröffentlichten Bilde erkannt. Von da an hatten wir eine samoanische Wache eingerichtet, die sich am meisten vor ihm fürchtete. Es waren inzwischen tausend Mark für seine Ergreifung ausgesetzt worden, ob tot oder lebendig. Einmal wurde uns gemeldet, sein Schlafplatz sei in einem großen Bananenbaum in unserer Pflanzung, unweit unseres Hauses. Im Dunkeln schlichen (!) Vater, Herr Schantz, noch größer und schwerer als Vater, und ein *leoleo*, der beide an Größe und Schwere noch übertraf, zu dem bezeichneten Baum, natürlich schwer bewaffnet. Nichts war im Finstern zu sehen und nun noch in dem Gewirr von Luftwurzeln! Kurz entschlossen strich der Polizist ein Streichhölzchen an und leuchtete hinein. Natürlich war das Nest leer. Wer weiß, ob der Kerl nicht in der Nähe saß und sich ins Fäustchen lachte. Man sah sein Blätterbett, Stummeln seiner *selui* (samoanische Zigarette) und abgebrannte Streichhölzer. Während dieser Streichpatrouille erwartete eigentlich ich den Besuch Sitivis im Haus. Wenn er in der Nähe war, so wusste er auch bestimmt, dass wir Frauen allein waren ohne männlichen Schutz. Wir hatten uns auch darauf vorbereitet, aber er kam Gott sei Dank nicht. Am anderen Morgen fand Blitzner, dessen neues Haus höher am Berg am Südrand der Pflanzung ungefähr eine halbe Stunde von unserem Hause entfernt lag, die Abdrücke eines (gut geölten) sitzenden Mannes auf der gut geölten Türschwelle und daneben im weichen Sand diejenigen eines Samoakorbes und einer Axt. Seine Munition war sicher schon verschossen, denn von Flintenattentaten hörte man nichts mehr.

Viele Patrouillen Weißer und Farbiger durchstreiften Busch und Pflanzungen, ohne ihn zu finden. So hatte sich einmal Herr Müller, der Landmesserassistent war und zugleich eine hübsche Kakaopflanzung besaß, mit anderen jungen Männern zusammengetan, Sitivi zu fangen. Auf der Fuluasobrücke, noch innerhalb der Stadt, berieten sie sich über die Ausführung ihres Planes. Natürlich kamen sie unverrichteter Dinge zurück und Müller fand einen Zettel vor, wenn sie ihn fangen wollten, sollten sie doch keine Pläne auf der Fuluasobrücke machen, während er darunter säße! Humor hatte der Kerl also auch, oder sollte man sich mit dem guten Müller, wir nannten ihn den Radieschenmüller, weil er seine Heiratsanträge bei den wenigen weißen Mädchen mit einem Bündchen selbstgezogener Radieschen einleitete, einen Spaß gemacht haben? Wohl zwei bis drei Monate hielt der Mörder uns in Atem, die ganze Kolonie wurde nervös. Er hatte nun auch schon Eingeborene angegriffen und doch erhielt er sicher in jedem Samoahaus Essen und was er sonst verlangte. Endlich gelang es zwei jungen Häuptlingen, ihn zu stellen und nach kurzer Gegenwehr zu erschießen. Später berauschten sich die Samoaner seiner Dorfschaft, ob von sich aus oder dazu aufgeputscht, an den Heldentaten Sitivis, wie Kinder gerne Räubergeschichten hören. Aber ein übles Nachspiel hatte es noch. Die Familie und die Dorfschaft bestellte in Sydney einen Grabstein aus Marmor für ihn, darauf seine Taten verherrlicht wurden. Natürlich wurde er von der Regierung beschlagnahmt. Ob die Londonmission, die bei der Bestellung des Steines geholfen, ihn nicht nach dem Raub der Inseln durch die Engländer doch noch gesetzt haben? Eine bessere Propaganda unter den deutsch gesinnten Eingeborenen hätte man doch nicht haben können: »Unter deutscher Herrschaft ermordet, unter englischer geehrt!«

IN LOTOPA

Noch in den letzten Tagen des Novembers hatte unser unerträglich werdendes Warten auf den Schoner ein Ende. Endlich legte er nach fast dreimonatiger Fahrt im Hafen von Apia an. Er war über einen Monat lang in eine Flaute gekommen, die Segel hingen schlaff, an ein Weiterkommen war nicht zu denken, bis endlich der Passatwind, der wegen des mitführenden Regens schon lange heiß ersehnt wurde, kam und die Segel zur flotten Fahrt füllte. Nun hatten unsere Sorgen ein Ende. Wenn die kleine Regenzeit noch etwas aussetzte, die die Wege und besonders unseren neu angelegten Waldweg unpassierbar gemacht hätte, konnten das Holz und die anderen zum Hausbau nötigen Dinge heraufgeschafft werden. Wir hofften, bald nach Weihnachten auf Tapatapao zu sein. Täglich fuhren nun die Lastwagen an unserem Lotopahäuschen vorbei und eines Tages nahm der unsrige die Zimmerleute mit Hobelbank, Betten und Proviant mit hinauf. Zuerst wurde das Kochhaus gebaut, das den Zimmerleuten Obdach gab, dann das Haus für Herrn Blitzner etwa fünfzig Meter davon entfernt und schließlich unser großes, schönes Haus. Manchen gemütlichen Abend und manchen stillen Sonntag hatten wir den Plan dazu entworfen und immer wieder fanden wir etwas daran zu ändern und zu verbessern.

BRIEF RICHARDS AN DIE ELTERN[30]

Lotopa, den 26.12.02

Liebe Eltern!

Da meine Briefe bisher stets nur sehr eilig und flüchtig verfasst werden konnten wegen der für die Korrespondenz zur Verfügung stehenden so kurzen Zeit und meiner umfangreichen und arbeitsreichen Beschäftigung, so benutze ich die Ruhe der Festtage, um Euch von unserem Leben und unserer Tätigkeit etwas zu erzählen. Wie es ausfallen wird, das kann ich bei der heutigen Wärme noch nicht so ohne Weiteres sagen, da durch dieselbe Willens- und Spannkraft schnell erlahmen. Es fängt jetzt allmählich an, recht warm zu werden und wir empfinden das natürlich hier in Lotopa weit mehr als auf Vailima. Vailima liegt ziemlich fünfhundert Fuß hoch und ist der Seebrise ausgesetzt, während Lotopa, ein Vorort von Apia, fast auf der Höhe des Meeresniveaus gelegen und ziemlich dicht von Bäumen, Palmen und Bananen umgeben ist.

Über unser kleines Häuschen hat Euch Else ja schon vieles geschrieben und diesem Briefe werden wir eine Fotografie beilegen. Es ist so nett und gemütlich, wenngleich ziemlich eng in unserem Heim. Lange werden wir nun auch nicht mehr hier wohnen. Unsere Häuser in Tapatapao (auf der Pflanzung) gehen ihrer Vollendung entgegen, und zwei Wochen nachdem ich dies schreibe, hoffe ich bestimmt, umziehen zu können.

Das Wetter war uns bis jetzt sehr günstig. Außer einigen Regentagen beim letzten Mondwechsel stets trockenes Wetter. Das brauchen wir jetzt, damit unser neuer Weg, welcher mit ziemlichen Steigungen durch den Urwald geht, trocken und für schwere Lasten befahrbar bleibt. Das Bauholz haben wir jetzt bis auf einen kleinen Rest oben und in den nächsten Tagen werden die schweren Möbel, wie Buffet, Schreibtisch, Geldschrank, Badewanne etc. nach oben gefahren. Wir selbst können jetzt auch tüchtig mitfahren, nachdem unser Wagen hier, der in San Francisco gekauft wurde, und die Pferde sich an den schweren Zug den Berg hinauf gewöhnt haben.

Wie ich ja wohl schon im letzten Brief schrieb, haben wir mit unserem Fuhrmann, einem jungen Norweger, Unglück gehabt. Derselbe bekam plötzlich einen Blutsturz und ist außer Stande zu arbeiten. Er wird mit dem nächsten

---

30 An dieser Stelle schrieb Else einen Brief Richards an ihre Eltern für ihre Aufzeichnungen ab, da dieser »so anschaulich von unserem Leben erzählt«.

Blitzners Haus auf Tapatapao

Samoaner beim Hausbau

Dampfer nach Auckland fahren, wo er wenigstens in einem Hospital Aufnahme finden kann, wenn ihm Ähnliches wieder passiert. Er wohnte glücklicherweise bei uns, sodass wir ihn etwas pflegen konnten. Es geht ihm jetzt leidlich, aber an Arbeiten ist nicht zu denken. Da nun von den anderen Angestellten keiner entbehrt werden kann, noch zu fahren versteht, so muss ich mich selbst auf den Bock setzen, bis ich einen jungen Samoaner etwas eingelernt habe. So ist also Eure Tochter jetzt die Frau eines Fuhrmannes. Der Samoaner ist aber schon so weit, dass ich ihn, wenn ich selbst anderweitig zu tun habe, hin und wieder allein losschicken kann. Doch da die Eingeborenen mit Pferden sehr roh und unverständig umgehen, so werden die Tiere dadurch verdorben. Überhaupt muss man hier auch selbst tüchtig mitarbeiten, was sehr gesund ist, wenn nicht im Übermaß betrieben.

27.12.1902

Es war nicht die Wärme, welche mich im Schreiben störte, diese ist inzwischen frischem, kühlem, mit Regen gemischtem Wetter gewichen, sondern der Besuch unseres Nachbarn in den Bergen, eines Herrn Kramp. Derselbe ist ein sehr gebildeter deutscher Landwirt, war früher lange in Australien und hat sich jetzt in unserer Nähe angesiedelt. Er erwartet seine Frau (35 Jahre), sechs Kinder, eine Gouvernante und ein Mädchen im Juni 1903. Er blieb bei uns zu Mittag. Es gab eine gute Bouillon, Rindfleischfrikassee mit Erbsen und zum Nachtisch Früchte, Wassermelonen, Mangos und Ananas. Dazu eine Flasche Mosel und eine kleine liebe Frau, welche die Honneurs mit gewohnter Anmut und Grazie machte. Und am Abend kam Familie von Strauß zum Abschiedskeikei (*keikei* = Essen). Die Leute sind uns so lieb geworden und ich glaube, wir ihnen auch. Sie fühlen sich hier gar nicht wohl, da sie aus Kanada kommen, wo sie auf einer Höhe von zweitausend Metern eine Viehfarm hatten. Sie litten sehr unter der dicken, warmen Luft. Dazu kam, dass sie viel Ärger hatten, zum Teil geschäftlich, zum Teil mit der Regierung, die hier in der Tat viel zu wünschen übriglässt und die selbst so urkonservativen Leuten, wie Strauß es sind, einen nicht gelinden Fluch abringt.

Hier steht auch der reichstreueste Deutsche auf dem Standpunkt, bzw. ist auf den Standpunkt getrieben, dass jede andere Regierung für Samoa besser wäre als die deutsche. Obgleich wir persönlich in jeder Weise entgegenkommend behandelt sind, so kann ich mich diesem Urteil nur anschließen. Ob englisch, ob amerikanisch, beides wäre für Samoa besser gewesen. (Anmerkung der Abschreiberin[31]: für die weißen Ansiedler wäre das ganz bestimmt besser gewesen, aber für die Eingeborenen sicherlich nicht, siehe Hawaii). Die wahnsinnigsten Verordnungen verekeln dem freien Ansiedler das Leben, welches ihm ohnehin schon durch einen Eingangszoll von zehn Prozent erschwert wird. Empört verlassen daher manche neuen Ansiedler die Inseln. Dafür aber werden in Apia schöne Regierungsgebäude errichtet, ein Gerichtspalast, Solfs Privatwohnung erhält einen Aussichtsturm und wird vergrößert, beides absolut überflüssig. Der zu seiner Wohnung führende Weg machte eine kleine Krümmung, der Weg wird jetzt geradegemacht und zu dem Zwecke ist ein teures Grundstück aufgekauft und ein darauf befindliches, noch ziemlich neues, großes Privathaus rasiert worden. Das nennt die deutsche Regierung »Kolonisieren«, während draußen im Urwald, wo alle die neuen Plantagen liegen, die Ansiedler auf eigene Kosten Wege bauen müssen, oder mit ihren Wagen umfallen und stecken bleiben.

Aber wie gesagt, ich spreche hier im Interesse aller der kleineren Ansiedler; ich persönlich kann ganz gewiss nicht klagen: Die Regierung wird den von mir gemachten Weg übernehmen zum Selbstkostenpreis, wir haben bedeutende Zollermäßigung gehabt und für die Luxusbauten liefern wir der Regierung das Bauholz. Also, »vivat imperium Germanicum!«[32] (Wieder meine Anmerkung: Uns kam man entgegen, da die DSG in Berlin sonst vorstellig geworden wäre und sicher Missstände aufgedeckt hätte.) Aber für die Kolonie als solche ist diese Regierung der denkbar größte Hemmschuh. Und dabei ist ein Personenwechsel in nächster Zeit kaum wahrscheinlich. Na, sich nicht ärgern, wenn es einem selbst gut geht. Und das tut es.

Also bei Strauß waren wir stehen geblieben. Sie waren gestern Abend unsere Gäste, da sie heute früh nach Apia ziehen, wo sie sich am 29. nach Neuseeland einschiffen werden. Es war so ein netter stiller Abend, wie wir mit Strauß so manchen verlebt haben, teils bei ihnen, teils bei uns. Unsere beiden Häuser lagen nur zwei Minuten auseinander. Nun muss ich natürlich auch erzählen, worin das Abendkeikei bestand. Es war sehr einfach: Hühnerragout, acht aus einem Hahn, den ich selbst eigenhändig habe schlachten müssen und von dem

---

31 Else Deeken
32 Lateinisch: »Es lebe das Deutsche Reich«.

Eure Else anfänglich behauptete, dass er Eier lege, und als zweiten Gang Reibe-
kuchen aus grünen unreifen Bananen, welche den Kartoffel-Reibekuchen mindestens ebenbürtig sind, hinterher die obligaten Früchte, dazu weihnachtliche
Walnüsse und Krachmandeln und als Getränk »Kalte Ente«[33] aus Zitronen von
unserer Weide, dort wachsen sie wild. Honneurs hätte Else gewiss wieder sehr
schön gemacht, aber mit Straußens tauschen wir solche nicht mehr aus. Heute
früh sandten wir ihnen das Frühstück, da sie alles eingepackt hatten und jetzt
sind sie bereits in Apia. Besonders für Else tut mir Straußens Fortgang leid,
denn so nette, mütterlich liebe Damen sind dünn gesät, besonders in Samoa.
Wir haben versprochen, sie später einmal auf Neuseeland zu besuchen, wenn
wir einmal für einige Wochen von hier fortwollen.

Augenblicklich sitzen Else und ich bei unserem Hühnerbauer. Es ist Sonn-
abendnachmittag und überall herrscht Feiertagsstimmung, aus welcher wir
vor dem 2. Januar kaum herauskommen werden, da während dieser Zeit so
gut wie gar nichts gearbeitet wird. So habe ich schon am 24. mittags sämtliche
Arbeiter bis auf acht entlassen und will erst am 2. den vollen Betrieb aufnehmen. Die Zimmerleute werden voraussichtlich am 1. Januar arbeiten. Hoffen
wir das Beste. Übrigens fangen wir am 29. schon an, die schwersten Möbel
heraus zu bringen.

Also Else und ich sitzen am Hühnerbauer, welches wir ganz roh aus Draht
zwischen einigen Bäumen aufgeschlagen haben. In demselben befinden sich
neunzehn Hühner bzw. Hähne und eine Glucke in einem Sonderabteil mit
acht Küken. Leider haben wir auch verschiedene Todesfälle zu betrauern,
Hahn Fritz, der Gute, hat sich zu seinen Vätern versammelt. Wir glauben, dass
sein eifersüchtiger Nebenbuhler, auch ein schwarzer Spanier, ihn zu Tode ge-
bissen hat. Unter unseren Küchlein hat auch der Tod Umschau gehalten. Ich
glaube, das gestrige Regenwetter hat den Tieren sehr geschadet; zwei starben
heute früh und ein drittes liegt bereits im Sterben, obgleich Else ihm Milch
von unserer Kuh und andere gute Dinge einflößt. Die Veranlassung, weswegen
wir am Hühnerbauer sitzen, ist also nicht gerade freudig stimmend, indessen
ist es hier aber auch sehr schön und kühl. Klein Elsemaus ist wegen ihrer Küken natürlich traurig.

---

33 Kalte Ente ist eine eisgekühlte alkoholhaltige Bowle aus Wein und Sekt, zu der
zur Aromatisierung meist geschälte Zitronen und Zucker gegeben werden.

Dass eine unserer Kühe ein kleines Bullkälbchen bekommen hat, schrieb ich wohl noch nicht. Jetzt haben wir wenigstens täglich unsere frische Milch. Ich rechne, dass die andere Kuh in etwa fünf Monaten kalben wird, sodass wir stets mit Milch versorgt sind. Immerhin aber werde ich noch einige Stück Rindvieh mehr anschaffen, sowie unsere Weide besser ist. Vorläufig ist noch wenig Gras darin. Das werdet Ihr nun so ohne Weiteres nicht verstehen, da Ihr Weiden nur fertig kennt. Also, unsere neue Weide ist nichts als ein Stück Urwald, in dem etwa zwei Drittel der Bäume umgehauen sind. So weit möglich räumt und brennt man die umgehauenen Bäume beiseite, was bei uns nur in sehr geringem Maße geschieht. Auf Stellen, die einigermaßen von Bäumen und Gestrüpp frei sind, wird Gras gepflanzt und gesät. Diese Plätze werden ganz roh durch Gänge verbunden, sodass das Vieh von einem zum anderen laufen kann. Das Vieh trampelt nun immer mehr von den umgehauenen Bäumen nieder, der andere Teil verrottet schnell, der Grassamen wird vom Vieh selbst weitergetragen, so vergrößert und verbessert sich die Weide nach und nach ohne Kosten.

Neue Situation: Wir hatten inzwischen Besuch von einer halbweißen Dame, die tüchtige Mutter zahlreicher wirklich ausgezeichneter (dreiviertelweißer) Kinder, was sonst bei Halbweißen eine Seltenheit ist. Die Söhne sind fleißige nüchterne Leute, alle in guten Stellungen, die Töchter hier und in Neuseeland an weiße Männer verheiratet. Soeben ist sie fortgegangen und wir sitzen beim »Grabbelsack«, welcher mit Mandeln und Nüssen gefüllt auf der luftigen Veranda liegt. Else knackt uns beiden und ich schreibe. Also von Hühnern und Kühen habe ich schon geschrieben. Unsere Pferde bessern sich mit der Zeit, sodass wir für unseren Privatwagen jetzt einen ganz leidlichen Gaul haben und somit für Else auch größere Bewegungsfreiheit geschaffen ist. Sie fährt ganz gut, sodass ich sie auch schon allein fahren lassen kann.

Von den Katzen hat Else Euch wohl schon geschrieben. Das schwarze Katerchen »Möhrchen« stammt noch von Vailima, zwei kleine weibliche Kätzchen haben alle Vorzüge und Nachteile ihres Geschlechts. So kommen sie beispielsweise gern in unsere Betten spaziert, sehr höflich und nett und setzen dann aus Dankbarkeit Flöhe ab. Zuweilen lasse ich die Katzen durchs Fenster »fliegen«, was ihnen meist sehr gut bekommt, da sie stets auf die Beine fallen. Aber ich darf jetzt keine Katzen mehr fliegen lassen, denn Else hat es streng verboten. Ich lehre ihnen jetzt, wenn Else nicht in der Nähe ist, schwimmen

Else beim Hühnerfüttern (das Bild datiert später als 1902)

Else kutschiert zum Einkauf in die Stadt

in einem kleinen offenen Regenwasserbehälter. Sie sind alle drei sehr gelehrig und können schon schön schwimmen, aber sie springen meist viel schneller heraus als herein. Die Flöhe werden hoffentlich dadurch weniger.

Unsere Anita macht sich immer noch ganz gut, sie macht zwar noch nicht alles so, wie Else es wohl wünscht, aber immerhin ist sie eine »Perle«. In unserem engen Hause essen wir natürlich zusammen, aber Halbblut ist und bleibt nun mal Halbblut. Die gut Gearteten, zu denen Anita gehört, sind bis an ihr Lebensende Kinder, der größere Teil hat auch noch schlechte Eigenschaften. Aber sie weiß gut zu arbeiten, auch zu kochen *faʼa siamani* (nach deutscher Art). Sie ist liebenswürdig, sehr gefällig, bescheiden und sehr vergesslich. Und so kindlich, dass man ihr gar nicht böse sein kann.

Neue Situation: Else hat mich verlassen, sitzt auf der Hintertreppe und flöht Katzen. Es wird dämmrig, der Himmel färbt sich wunderbar mit Purpurfarben; an den Bergspitzen hängen einige Wolken, welche von uns mit skeptischen Augen betrachtet werden, ob sie Regen bringen würden. Unser Pferd »Hans« wiehert, er möchte *keikei* haben. Ich werde es ihm gleich bringen, Hafer und einige Früchte der Carica Papaya (Melonenbaum), denn morgen, Sonntag, soll er uns früh um 6:30 Uhr zur Kirche bringen und dann wollen wir eine kleine Spazierfahrt machen nach Moamoa, das heißt eigentlich »Hühner«, wo der französische Bischof wohnt, welcher uns schon verschiedentlich aufforderte, ihn zu besuchen. Moamoa ist von uns etwa eine halbe Fahrstunde entfernt und liegt am Abhang der Berge.

Fortsetzung morgen. Else hat ihre zarte Beschäftigung beendet und singt. Das tut sie oft, denn das Singen hat sie durchaus nicht verlernt und das Lachen auch nicht und wir beide nicht das Glücklichsein.

28. 12. 1902

Mit dem Melonenbaum (Papaya) ist es etwas ganz Wunderbares. Seine Früchte, welche in großer Zahl das ganze Jahr hindurch am Stamm sitzen, bilden Speise für Menschen und Tiere. Die Früchte sind sehr wohlschmeckend und, da sehr pepsinhaltig, sehr gut für den Magen und die Verdauung. Leider kann sich Else noch gar nicht mit denselben befreunden. Der Geschmack widersteht ihr, doch muss (!) sie gezwungenermaßen jeden Morgen nüchtern ein Viertel essen, damit ihre Verdauung gut ist. Wo überall nur etwas freier Platz ist, dort samt sich die Papaya von selbst, indem der Samen von Vögeln

Else mit Katzen auf Tapatapao

herumgetragen wird. Nach einem halben Jahr trägt sie die ersten Früchte, ein herrliches Futter für Pferde, Kühe, Schweine und Hühner. – Reif schmeckt die Papaya ähnlich wie unsere Melone, grün kann man sie kochen, dann sind sie ähnlich wie Steckrüben. Reif gekocht ist sie ein schönes Kompott. Aber wie gesagt, Else schließt sich dieser Auffassung noch nicht an.

Von unseren Küken sind diese Nacht drei weitere eingegangen, die übrigen aber sehen gut und kräftig aus.

Wir kamen soeben aus der Kirche und sitzen in unserem Wohnzimmerchen. Else liest. Auf unserem Tisch steht ein großer Strauß Blumen, darunter Rosen und Georginen[34].

Morgen früh kommt unser Christkindchen mit dem Dampfer von Sydney, welcher uns damit 24 Stunden später unsere lieben Straußens entführen wird. Morgen bekommen wir für sechs Wochen Einquartierung, das vierzehnjährige Töchterchen von Herrn Paul Schröder. Letzterer ist sehr nervös geworden, hat sich augenscheinlich überarbeitet und fährt mit seiner Frau nach Neuseeland, um sich dort in dem kühleren Klima zu erholen. Schröders Pflanzung ist von der unseren eine gute halbe Stunde entfernt. Der sechzehnjährige Sohn, welcher geradewegs dem Kadettenkorps nach Samoa importiert wurde, bleibt in ihrem reizenden Hause und führt während der Abwesenheit des Vaters die Aufsicht über den Platz.

Meine letzten Briefe waren infolge großer Geschäftigkeit kurz und flüchtig, so müsst Ihr auch entschuldigen, dass ich auf Vieles in Euren Briefen nicht eingegangen bin. Wie sehr hat uns beispielsweise Jörn Uhl[35] gefallen! Wie sehr danken wir Euch für die Sendung der Sachen für Elses Blusen etc. Es ist zu lieb von Euch, dass Ihr unsere diversen kleinen und großen Wünsche erfüllen wollt. Diamanten und Brüsseler Spitzen, wie Vater schreibt, brauchen wir nicht, aber hin und wieder stoßen wir doch auf kleine Bedürfnisse, welche wir

---

34 Dahlien

35 Jörn Uhl ist ein 1901 veröffentlichter Entwicklungsroman des deutschen Schriftstellers Gustav Frenssen (1863-1945). Frenssen war ein Schriftsteller des völkischen Nationalismus. Seine Werke vermittelten unter anderem die damals verbreiteten kolonialistischen und rassistischen Wertvorstellungen und wurden im Kaiserreich und der NS-Zeit viel gelesen.

hier nicht befriedigen können, wo man fast ausschließlich amerikanische und australische Waren hat.

Nun habe ich noch nicht von Weihnachten geschrieben. Wir beide waren Weihnachtsabend ganz allein, hatten Anita nach Apia gesandt. Wir waren am Nachmittag nach Apia gefahren, wo ich unsere Arbeiter auszuzahlen hatte und Else noch einige Einkäufe machte. Dann haben wir unseren Weihnachtsschmaus selbst zubereitet und uns gut munden lassen. Ich habe nun doch von allen Tagen geschrieben, was wir gegessen haben, so muss ich das auch von diesem tun. Bouillon, Kaviarschnittchen und von mir eigenhändig zubereitetes Beefsteak (Manöverbeefsteak, das heißt mit vielen Zwiebeln). War nachher stark versalzen, hat uns aber doch geschmeckt. Wir waren ganz glücklich und zufrieden und haben viel von früheren Weihnachten gesprochen. Einen Weihnachtsbaum hatten wir nicht, der kommt nächstes Jahr, jetzt hatten wir zu wenig Zeit und Ruhe dafür.

Nun noch einige Wochen weiter und wir sind gemütlich eingerichtet in unserem Hause. Das Haus liegt auf der Höhe eines kleinen Hügels, hohe Urwaldbäume umgeben es; nach vorn aber ist der Blick frei über das ganze vorliegende Land. Wir können von unserer Veranda weit über das Meer sehen, den Hafen von Apia und einen großen Teil des Upolu Berglandes einbegriffen. Leute, die den Platz sahen, meinen, dass es wohl der schönste Hausplatz auf der Insel sei, wenigstens ist er zweifellos der gesündeste. Das Haus ist auf hohen Pfeilern, sodass der immer wehende Seewind unterherstreichen kann und so auf der Höhe gebaut, dass Feuchtigkeit sich dort nicht festsetzen kann.

Fließendes Quellwasser haben wir eine Minute vom Hause. Bananen, Ananas und Wassermelonen sind für unseren Gemüsegarten schon gepflanzt. Bananen und Ananas tragen in acht Monaten, Wassermelonen in zwei. Alle die anderen schönen Sachen, von denen besonders Kohlrabi, Bohnen, Gurken und Tomaten am besten gedeihen, sind reif alle zwei Monate (die Redaktion: in Wirklichkeit viel, viel früher, manche vor dem Ablauf eines Monats). Fruchtbäume, wie Mangos, Brotfruchtbäume etc. brauchen dazu drei bis vier, die Kokospalme sogar sieben bis neun Jahre. Von diesen Früchten können wir aber genügend von den alten Pflanzungen oder von Eingeborenen erhalten.

Nun muss ich aber schließen. Wann ich wieder einen so langen Brief schreiben kann, weiß ich nicht, da es für die nächste Zeit immer noch viel Arbeit gibt und eine Arbeit die andere jagt. Ist der Hausbau fertig, so kommt die Einrichtung, dann die Nebenbauten, Arbeiterhäuser, daneben stets die Pflanzung, das Warengeschäft in Apia, dann Ende März kommen die Chinesen, dann wird alles in Samoa auf dem Kopf stehen, denn Vieles ist dafür vorzubereiten und sicherlich wird das Gouvernement nichts zur Zeit fertig haben. Dann wird ein Schreien sein nach Quarantäne-Häusern, nach Bestimmungen für die Unterbringung der Arbeiter, denn kein Mensch versteht die Leute. Glücklicherweise habe ich hier einen Chinesenfreund, auch Fuhrmann, welcher ähnlichen Dialekt spricht wie unsere demnächstigen Leute, und der muss uns natürlich aus manchen Schwierigkeiten heraushelfen. Dann müssen weitere dreihundert Acres geklärt und bepflanzt, eine Kakaoaufbereitungsanstalt gebaut werden usw. usw.

Nun wird gleich der Tisch gedeckt, die Tapadecke abgenommen und ein neues reines Tischtuch aufgedeckt, denn heute ist Sonntag und das alte war schon überschmutzig. Anita wird aufdecken und das Essen bringen, dessen Zusammensetzung ich Euch gewiss nicht verhehlen will, da ich Euch ja auch geschrieben habe, was wir an den anderen Tagen aßen. Wir werden auch den Eingeborenen ähnlich, Essen, Trinken, Schlafen ist die Hauptsache, alles andere überflüssige Beigabe. Nach dieser Methode fühlt man sich am wohlsten und wohl wollen wir uns fühlen. Also es gibt: Bouillon mit Einlage, Rindfleisch mit Stangenspargel und Kartoffeln, gestern frisch von Neuseeland gekommen und zum Nachtisch gebratene reife Bananen und Mangos. – Schluss!

Mit herzlichen Grüßen bin ich in treuer Liebe

Euer Sohn Richard.

Jüngster Ritter des Ordens der Wachsamkeit oder vom weißen Falken 11.Cl.
(Großherzog Sachsen Weimar), erhielt denselben mit dieser Post zugesandt,
hätte ihn gerne noch zur Hochzeit gehabt, um damit zu »prunken«.
»Oh Eitelkeit der Eitelkeit! Ist noch ein Vermächtnis aus meiner
Leutnantszeit!«

Trockenhalle für Kakao auf Tapatapao

Kakaodarre auf Tapatapao

Man kann ja nun nicht behaupten, dass unser Leben nur aus Essen, Trinken und Schlafen bestand, es stand ganz unter dem Zeichen intensivster Arbeit. Wenn Vater nicht nach Tapatapao ritt, was immer mit allerhand Anstrengung verknüpft war, so hatte er in Apia zu tun in unserem Warengeschäft beim Gouvernement, Zoll oder bei geschäftlichen Abschlüssen. An ihn wandten sich viele, fast alle frisch angekommenen Pflanzer und es war gerade um diese Zeit ein starker Andrang nach Samoa. Er konnte ihnen ja nicht mit Erfahrungen zur Seite stehen, aber er hatte mit ihnen gemeinsame Interessen und Sorgen, während die alten Ansiedler meist uninteressiert und gleichgültig im alten Trott weitergingen. Der Gouverneur war ein kleiner Herrgott, gegen den man nichts machen konnte und dessen Bestimmungen man hinnahm wie Regen und Sonnenschein. Die DHPG hielt sich vornehm reserviert. Es wurde von der Leitung nicht gerne gesehen, wenn ihre Angestellten, besonders ihre Pflanzer, mit Neuankömmlingen verkehrten. Diese Pflanzer waren meist sehr tüchtige Leute, von denen viel zu lernen gewesen wäre, der markanteste unter ihnen war wohl Kapitän Hufnagel, der die Kokospflanzung Vailele leitete. Er war schon älter, ein guter Fünfziger, verheiratet mit einer Halbweißen, einer geborenen Beathem, von deren Familie ich schon erzählt habe. Sie hatten eine stattliche Anzahl gut erzogener Kinder, von denen die Ältesten schon in Deutschland zur Erziehung waren. Die Pflanzer hatten nur ihre Plantagen zu leiten und zu betreuen, mit Geschäften hatten sie nichts zu tun, das alles wurde von der Zentrale in Apia erledigt und die DHPG genoss eine Sonderstellung in der Kolonie, ihre Forderungen und Wünsche wurden immer an erster Stelle berücksichtigt. Wir konnten auch nicht klagen, unsere Vertretung in Berlin war unser Rückhalt. Nichts war verständlicher, als dass die jungen Pflanzer in Interessengemeinschaft einen Pflanzerverein gründeten, der alle und jeden vertreten sollte und der durch Zusammenschließung aller eine gewisse Macht bedeutete. Das, was doch jedem selbstverständlich erscheinen musste, in dem niemand einen Bruch mit guten Sitten oder gar eine Revolution gegen die Staatsgewalt sehen konnte, erregte in gewissen Apia-Kreisen Widerstand, Sorgen und Ärger.

Die erste Zusammenkunft fand statt. Dr. Solf und die Vertreter der DHPG waren auch dazu geladen und kamen auch. Selbstverständlich waren auch die englischen Pflanzer aufgefordert worden, die ebenfalls erschienen. Einstimmig wurde Vater als Vorsitzender gewählt. Solf und die DHPG, die nur kauf-

Diese und rechte
Seite: Ansichten des
Deekenhauses auf
Tapatapao. Bei den
Personen im Bild
links handelt es sich
um Besucher.

männische Vertreter geschickt hatten, waren natürlich nicht wahlberechtigt. Das erregte natürlich Neid unter den Kaufleuten, denn es war nun noch mehr als zuvor selbstverständlich, dass die Pflanzer nun auch bei der DSG ihre Einkäufe tätigten. Als man dann die einzelnen Statuten des Vereins aufstellte, forderten die Engländer, obwohl sie stark in der Minderzahl waren, dass Englisch, wenn nicht die Haupt-, so doch neben Deutsch die Verhandlungssprache sein sollte. Dagegen protestierten alle deutschen Pflanzer. Deutsch sei die Kolonie, die deutschen Pflanzer seien in der Überzahl und Deutsch sei selbstverständlich die einzige Verhandlungssprache. Den Engländern, die Deutsch nicht verstünden, sollte das Wichtige natürlich übersetzt werden. Dr. Solf ergriff die Partei der Engländer, stieß aber auf energischen Widerstand bei den Deutschen. Darauf schieden sämtliche Engländer aus. Was hätte der Gouverneur einer englischen Kolonie getan? Die Partei der Deutschen genommen? Waren Deutsche oder andere Ausländer wohl in einer englischen Kolonie so aufgetreten wie auf Samoa die Engländer? Dass seine Einsprache Solf nichts nützte, hat ihn tief gewurmt, ließ seine Gegensätzlichkeit gegen den Pflanzerverein wachsen. Aber wären sie ihm zu Willen gewesen, so wären die Engländer immer ein Fremdkörper im Verein geblieben, die Liebkinder Solfs gewesen und dafür Solfs Handlanger geworden. Und Vater war der Vorsitzende!

Es war auch noch anderes geschehen. Der neu herausgekommene Kolonialkalender 1903 zeigte als Titelbild links auf der ersten Seite Gouverneur Dr. Solf und rechts auf der zweiten Seite, also einander gegenüber, den Direktor der DSG, Richard Deeken. Wir hatten keine Ahnung von dieser Konstellation, das hatte der Verleger, unser Freund Meinecke, getan, der Solf kannte und ihn wohl gerne ärgern wollte. Dass er uns einen schlechten Dienst damit leistete, ahnte er nicht, wir noch viel weniger, und wir waren darum höchst erstaunt, als uns später Dr. Funk erzählte, Solf habe getobt, als er den Kalender zu Gesicht bekam. Bei der Begrüßung Solfs, als er vom Urlaub aus Deutschland zurückkehrte, ging Vater natürlich »in full dress« hin und legte, wie das üblich ist, seine Orden an, das waren der Hausorden der Oldenburger, den er vom Großherzog zur Hochzeit geschenkt erhielt, und seit Kürze der weiße Falke von Sachsen Weimar, verliehen für ethnographische Geschenke an das Weimarer Museum. Und genau dieselben Orden hatte auch Seine Exzellenz Dr. Solf. Auch das hatte ihn furchtbar verärgert, denn neben ihm sollte doch kein anderer glänzen wollen!!

Endlich, am 29. Dezember, kam die Weihnachtspost, d. h. die Paketpost, die den weiten Weg durch den Suezkanal und den Indischen Ozean machen musste und in Sydney auf den australischen Dampfer umgeladen wurde. Wir feierten noch einmal Weihnachtsabend, bauten die liebe Krippe von Tante Marie Reinbold auf, die seitdem an jedem Christfest unter dem Baum erscheint, und legten die schönen praktischen Geschenke darunter: eine feine helllederne Fahrleine, ein leichtes Wolltuch für die kühlen Abende, Fuchs und Bänder, Schlipse und Bücher, Aachener Printen und andere Leckereien. Vor allem freute uns der bekannte schöne geographische Kalender aus dem Verlag Speemann, der uns im Urwald täglich viel Freude und Anregung brachte. Daher kommt meine Vorliebe, Kalender zu schenken. Dann saßen wir gemütliche Stunden bei mildem Kerzenschein und erzählten uns von Daheim und unseren Lieben, nahmen nochmals wie am richtigen Weihnachtsabend den Schott und lasen uns das liebe schöne Weihnachtsevangelium vor und es war uns so still und feierlich zu Sinn wie im Gotteshaus.

Am Ersten Feiertag waren wir in der Hauptmesse in der Kathedrale gewesen und besuchten nachher in der Mission Bischof Broyer, der das feierliche Amt gehalten hatte. Er war Franzose und ein sehr liebenswürdiger Herr, groß, stattlich mit schneeweißem vollen Haupthaar und ebensolchem kurzen Vollbart. Ehrwürdig und fürstlich saß er im ärmlichen Holzsessel. Da er nur französisch sprach, kramte ich mein Schulfranzösisch aus, musste aber mit Beschämung feststellen, dass mir immer wieder samoanische Worte aus meinem Brockenwissen dazwischenkamen, bis der Bischof mir zum Troste sein Französisch auch mit samoanischen Worten spickte. So wurde es eine ganz lustige Unterhaltung. Vater sprach fließend und gut Französisch, er hatte ja in Französisch und Englisch sein Dolmetscherexamen gemacht. Es wurde ausgemacht, dass sobald unser Haus auf Tapatapao fertig sei, es von einem Pater der französischen Mission eingeweiht und jeden Monat eine heilige Messe bei uns gelesen werden sollte.

Auf Tapatapao

Noch immer hielt das gute Wetter an, bis auf gelegentliche Regengüsse. Die kleine Regenzeit vor Weihnachten hatte nicht viel Feuchtigkeit gebracht, nun aber musste die eigentliche bald einsetzen, der Wind fegte doch manche Wolkenfetzen über unser Eiland. So kam Freitag, der 9. Januar, unser Umzugstag

Wirtschaftsbetrieb der DSG im Aufbau nach Waldrodungen in Tapatapao

Handelszentrale der DSG in Apia, 1902

Links: DSG-Shop in Apia
Unten: Inneres des Shops

nach Tapatapao. Ich lasse jetzt ein Stückchen aus meinem Tagebuchbericht folgen. Hätte ich es damals weitergeführt, so brauchte ich jetzt nicht meine Erinnerungen anhand unserer Briefe, die mein Vater alle aufgehoben und in Schnellhefter gebunden hatte, zusammenzusuchen. Aber es ist mir eine Freude, die alten Briefe durchzuschmökern und alte selige Zeiten, die allerdings auch reich an Arbeit und Verdruss waren, aufzuwecken.

Tapatapao, den 18. Januar 1903

Seit Freitag, den 9. Januar sind wir, Gott sei Dank, hier in Tapatapao im eigenen Heim. Aber wie würde sich das zivilisierte Köln über unser jetziges Heim wundern! D. h. heute ist es schon ganz behaglich und ziemlich ordentlich. Freilich, da teilweise die Türen noch fehlen, spazieren die frechen Hühner ins Haus bis unter den Esstisch, an dem ich jetzt schreibe, und hinterlassen überall Visitenkarten. Ja, unser Haus ist noch ganz unfertig, aber Gott sei Dank benutzten wir einen schönen Tag und zogen aus dem kleinen Lotopahäuschen aus.

An die vierzig bis fünfzig Samoaner, Arbeiter von der Pflanzung, waren zum Lasttragen kommandiert, um zerbrechlichen Waren, wie Spiegelschrank, Porzellan etc. und alles, was der Wagen, der der schlechten Wege halber nicht schwer geladen werden durfte, nicht fassen konnte, hinauf zu schaffen. Fuhrmann Deeken und Frau, Anita, die Stütze, und die kleine Annemarie Schröder, unser Gast. Auf dem Schoß hielt ich meine drei kleinen Katzen, hinter unserem Sitz stand die große Hühnerkiste und ihre achtzehn lebenden Bewohner gackerten und krähten und verbreiteten einen angenehmen Landgeruch um uns her. Eine Glucke, die auf zwölf Eiern in einer Tonne saß, wurde, um keine Erschütterungen zu leiden, von einem Samoaner vorsichtig getragen. Als die großen, schlimmen Steigungen kamen und zur Erleichterung der Pferde die Menschenlast absteigen musste, folgte ich dem Beispiel der Glucke, weil der Weg weit und beschwerlich ist. Auf einer Tragbahre, schnell im Busch zusammengeschlagen und mit Lianen gebunden zum Sitzen, auf den Schultern von vier Samoanern, zog ich auf der Plantage ein. Im Zeltlager, das noch immer von den Angestellten bewohnt wird, wurde das Mittagessen eingenommen, dann ging es weiter.

Den Rest des Tages benutzten wir, das Nötigste einzurichten und mit jedem Tag wurde es etwas gemütlicher in unseren drei bewohnbaren Räumen:

da ist links unser Schlafzimmer, zweitens das Fremdenzimmer, bewohnt von Annemarie und Anita, und drittens das große Mittelzimmer, eine Art Diele, unser Esszimmer. Büro und Wohnzimmer, ebenso wie die Veranda, die wunderschön breit wird, harren noch der Vollendung. Morgen kommen die Zimmerleute wieder und Ende der Woche ist alles fertig, das Haus der Angestellten eingeschlossen. Ein Klagelied ließe sich über die amerikanischen Möbel singen. Überhaupt: Amerika, das Land der schnellen und miserabel schlechten Arbeit! Es gibt keine größeren Gegner Amerikas, seiner Leute und Produkte, als Richard und ich. Wenn man das Solide, Praktische und Geschmackvolle in Deutschland gewohnt ist, kann einem der Flitterkram, der dazu unverhältnismäßig teuer ist, nicht gefallen. Aber genug des Schimpfens.

Mein einziger Wunsch wäre, ich könnte allen meinen Lieben unseren Platz und unser Haus einmal zeigen. Nachdem in der ganzen Woche noch vor unserem Hause die hohen Bäume gefällt sind, haben wir geradezu einen wunderbaren Blick weit über das blaue Meer, in das die Landzunge von Mulinuu hinausragt, deren Palmen sich im Wasser spiegeln. Dazu ist eine wunderbare, leichte, kühle Luft hier, und wir fühlen uns so wohl wie noch nie auf Samoa. Wir sind noch bedeutend höher als Vailima und war dieses der schönste Platz auf Samoa, wird der unsere die erste Stelle einnehmen. Auch unser Haus wird das schönste, das hier ist. Vailima ist größer und hat ein Stockwerk, dafür ist unseres einheitlicher, gemütlicher und praktischer.

Wenn man bedenkt, was hier schon geschaffen ist in den wenigen Monaten! Wie ich zum ersten Male hier herauffritt, da ging es auf schmalen gewundenen Fußsteigen durch den dichten Urwald, das war in der zweiten Septemberhälfte. Und nun steht schon unser Haus, Hühner tummeln sich drum herum, die Pferde haben ihre, wenn auch noch etwas karge, Weide und diese Woche kommen sogar unsere Kühe mit einem Kälbchen herauf. Einige fünfzig Acres Kakao sind schon bepflanzt und vor allem bis zu unserem Hause geht ein fahrbarer Weg. Um uns krachen noch die Urwaldriesen zusammen und fleißige Menschenhände graben Pflanzlöcher für die Kakaosaat. In meinem Gemüsebeet sprossen Blumenkohl, Gurken und Radieschen üppig in die Höhe und bald sind die Gemüsepflänzchen kräftig genug, um in den Gemüsegarten, in dem sich bis jetzt nur Melonen breitmachen, versetzt zu werden.

Wieder sind einige arbeitsreiche Tage verflogen. Seit Montag klopfen und hämmern die Zimmerleute nach einer Woche Ruhepause und mit jedem eingeschlagenen Nagel geht unser Haus der Vollendung ein bisschen näher. Gestern Morgen hatten wir einen sehr betrübenden Todesfall. Katerle fanden wir kalt und tot in der Nähe des Hühnerbauers. Auf Rattenjagd wahrscheinlich hatte er sich selbst an seinem blauen Halsbändchen erhängt.

Eine große Freude für mich war, endlich meine Kisten auspacken zu können. Jedes Teil, das ans Tageslicht befördert wurde, schenkte mir eine liebe Erinnerung an treue Muttersorge und fleißige Schwesterhände und die wachsamen Augen von Papa hatten oft darauf geruht, dass auch alles gut und richtig verpackt werde. Die Hochzeitsgeschenke kann ich erst jetzt so recht bewundern, wo ich sie teilweise wenigstens alle Tage vor Augen sehe. Alle die schönen Schalen, Vasen und Nippes finden demnächst ihren Platz auf einer hohen Borte im Esszimmer, dessen Panel braun angestrichen, die übrige Wand und Decke aber weiß werden soll.

Auf die Veranda führen zwei nebeneinanderliegende Türen mit bunten Glasscheiben und die Wand zum Wohnzimmer fehlt, sodass beide Zimmer gleichzeitig benutzt werden. Die Türen der übrigen Zimmer führen alle in das Esszimmer. Mein großer Stolz sind die geräumigen Wandschränke, in die ich, wenn sie erst fertig sind und fünf Türen haben, alle meine Hauswäsche und mein Porzellan einkramen kann.

Die Umgegend des Hauses wird immer ordentlicher. Freilich liegt noch mancher Baumriese da, der aufs Wegschaffen wartet, denn nächst dem Hause sollen sie nicht wie sonst überall verrotten. Im Gemüsegarten sind heute eine ganze Reihe Pflanzbeete gegraben und da können wir nun nach Herzenslust aussäen. An unserem Badeplatz mit kleinem Wasserfall ist ein kleines Badehäuschen errichtet und jeden Tag nehmen wir in dem klaren schäumenden Wasser ein erquickendes Bad. Unsere Badestube tritt erst später in Gebrauch, da sie noch als provisorische Küche dient. Unser Kochhaus mit Vorratsraum und Boyzimmer haben noch die Zimmerleute mit Beschlag belegt, die hier oben schlafen müssen.

Jede Woche bekomme ich samoanische Produkte in die Küche geliefert, als da sind: Ananas, Kokosnüsse zum Trinken, die viel gepriesenen, von mir gar nicht geschätzten Papayas, saftige Mangos, Bananen, Taro und Brotfrucht.

Richard und Else auf Tapatapao, 1903

Junge Kakaobäume zwischen altem Regenwald

Beides Letztere benutzen wir wie Kartoffeln zu vorzüglichen Suppen etc. Nach samoanischer Art gebackener Taro ist ein wunderbarer Ersatz für Brot und heiß mit Butter gegessen eine Delikatesse.

Aber nun ist es höchste Zeit, schlafen zu gehen, denn unser Tag beginnt um halb sechs und heute war ein anstrengender Tag.

13. Februar 1903

Die diesmalige Post wird nicht viel von mir mitnehmen, denn eine arbeitsreiche Zeit liegt hinter mir und noch mehr Arbeit erwartet mich, sodass ich ans Tagebuchschreiben überhaupt nicht denken konnte. Aber das Wirtschaften macht mir Spaß und ich fühle mich so wohl und frisch wie nur je. Diese Zeilen schreibe ich in meinem kolossal breiten Bett unter dem Moskitonetz, wo ich auf Richards Wunsch mir ein Ruhestündchen gönne. Draußen gießt und stürmt es mit Macht, seit fünf Tagen hat die Regenzeit eingesetzt und das Wasser strömt wie aus Eimern. Montag und die darauffolgende Nacht hat es tüchtig gestürmt, viele Bäume sind gefallen, aber es scheint, wir haben das Wenigste davon mitbekommen. In Apia ist viel Schaden angerichtet und die Geschäfte mussten geschlossen bleiben, weil das Meer die Straßen überflutete.

Uns sind, wahrscheinlich durch Erkältung, zwei Pferde eingegangen an einem Tag und das bedeutet ein ziemlicher Verlust, da das eine ein gutes Zugtier war. Materiell ist es nicht so schlimm, denn Pferde kosten hier lächerlich wenig, vier Pferde zweihundert Dollar. Anita ist auch krank, das ist das Unangenehmste, sie hat eine starke Erkältung mit Rheumatismus. Wir hatten eine sehr große Wäsche gehabt, von den beiden Angestellten, die ich seit Monatsanfang mit in meinem Haushalt habe, auch, und Anita ist, gegen meinen Willen und leichtsinnig wie alle Halbweißen drei Tage nicht aus den nassen Kleidern gekommen. Jetzt muss sie mit großen Schmerzen büßen. Wie ich die Wäsche trocken kriege, ist mir noch ein Rätsel. Das Wohnzimmer habe ich als Trockenzimmer ausgeräumt und nun heißt es, sich in Geduld fassen und trockenbügeln. Unser Wohnzimmerchen ist entzückend. Ein heller Smyrnateppich mit modernen Blumen und rot und grünem Rand, zu den Möbeln passend, deckt den Boden und gebogene Wienermöbel in modernem Grün mit roten Sitzen laden zur Gemütlichkeit ein: Sofa, Sesselchen und kleine Schaukelstühle. Dazu passen vorzüglich die großen Fotografiesammelrahmen, in die ich alle unsere Lieben gesteckt habe. Am vollständigsten ist bis jetzt unser Schlafzimmer eingerichtet, denn hier habe ich schon Gardinen gehängt, während ich noch keine Zeit hatte, für die anderen Zimmer welche zu nähen.

14. Februar 1903

Die Wäsche baumelt noch hoffnungslos nass im Wohnzimmer!! Heute Morgen schien kurze Zeit die Sonne und den Sonnenschein ausnutzend zierten bald unsere Matratzen, Decken und Kissen das Verandageländer. Alles war feucht und setzte schon Schimmel an. Ihr Lieben kommt so zu kurz, aber ich lebe in Gedanken so viel bei Euch. Anita ist wieder auf, aber ich muss sie noch schonen, da habe ich viel Arbeit und wenig Zeit zum Schreiben, denn den Mittagsschlaf nach Tisch kann ich nicht entbehren. Um fünf Uhr muss ich schon heraus und ich muss pünktlich sein, denn das Wecken liegt mir ob und sechs Uhr soll das Frühstück fertig sein. Ihr könnt es nicht verstehen, was es heißt, mit Samoanern und Halbweißen zu arbeiten, die brauchen mindestens dreimal so viel Zeit als andere Sterbliche.

Der große Pflichtenkreis und die Verantwortung, die auf mir liegt, machen mich glücklich, manchmal will es nicht so recht und ich werde mutlos, aber ich habe schon eine Masse gelernt und ich sehe, dass es mit jedem Tag besser geht. Ach Mutter, wenn Du mal hier wärest! Du würdest wohl manchmal die Hände über dem Kopf zusammenschlagen. Ich sage Euch, haltet Eure Dienstboten hoch, denn die schlechtesten sind noch Perlen gegen die hiesigen, auf die in keiner Weise Verlass ist. Und was das Schlimmste ist, man kann ihnen kaum böse sein, so nett sind sie wieder. Bei der kleinsten Arbeit muss man dabei sein, immer wieder nachsehen, ob sie nicht schwätzen, lachen oder schlafen anstatt zu arbeiten. Anita ist genauso, sie ohne Aufsicht mal was tun lassen, unmöglich! Aber ein brummiges Gesicht habe ich noch nicht bei ihr gesehen und ich kann rufen, wann ich will, immer ist sie bei der Hand. Es sind die reinen Kinder. Es ist sechs Uhr, ich muss in die Küche, das Abendbrot bereiten.

6. März 1903

Heute Morgen kurz nach fünf Uhr, ich hatte mein Weckeramt eben versehen, verkündete der Böllerschuss von der Lotsenstation den Postdampfer! In mir ist eine kribbelnde Erregung, endlich nach sechs Wochen ohne Lebenszeichen von Daheim wieder Post von Euch! Das letzte Postschiff konnte wegen des orkanartigen Sturmes Pago Pago nicht anlaufen und nahm die Post bis

Auckland mit. [...] *Nun folgen in meinem Brief viele Erklärungen, warum ich in dieser langen Zeit wieder kein Tagebuch geführt habe. Es sind lauter Haushaltssorgen.* Dann geht es weiter: Seit vierzehn Tagen haben wir Besuch von einem reizenden jungen Ansiedler, der, da seine eigene Pflanzung soweit in Ordnung ist, uns in seiner freien Zeit beim Bau des Chinesenhauses hilft, sodass wir keinen Zimmermann nötig haben. Er macht auch mir allerhand kleine Arbeiten. So hat er in unserem Schlaf- und Wohnzimmer die Innenwände verschalt. Herr Schantz ist der Sohn eines Berliner Arztes, von Beruf Landwirt, und gefällt uns beiden ausnehmend gut. Sein Äußeres ist sehr hübsch und männlich, noch größer und stärker als Richard, und sein Wesen so gesetzt und sicher, dabei freundlich und gütig. Wir hielten ihn beide in Richards Alter und waren erstaunt zu hören, dass er erst vierundzwanzig Jahre zählt. Er möchte so gern heiraten, da er so einsam wohnt. Wenn er nicht protestantisch wäre, den wünschte ich mir zum Schwager, die liebste Freundin wäre für ihn gut genug.

28. März 1903

Aus meinem Brief an Maria erseht Ihr, dass ich mich im Tippsen übte und habe es auch schnell zu der Fertigkeit gebracht, dass ich meinem Richard helfen kann. So habe ich die freie Zeit, die mir Haushalt und Näherei ließen, getippt und manche Abschrift für ihn gemacht, was mir große Freude bereitet... Und nun lasst Euch von Herzen danken, ganz innigst für all Eure Liebe und Güte! Mit welch seliger Freude empfange ich die lieben kleinen Sächelchen! Ich habe schon ein Fach in meinem Wäscheschrank eingerichtet, das sich bald füllt, und ich krame zu gerne darin herum. Der sehnlichst erwartete Tag wird wohl Ende Mai sein. Mir geht es die ganze Zeit über vorzüglich, mache mir viel Bewegung und klettere mit Richard in unseren Kakaofeldern herum... Seit stark acht Tagen können wir zwei sagen, endlich allein! Bis dahin ist nämlich unser Fremdenzimmer noch nicht leer geworden und mit diesem Postschiff sollten wir wieder einen Gast bekommen, direkt aus Deutschland, ein Leutnant Franz, der auch hier Kakao bauen will. Gott sei Dank kommt er einen Dampfer später, so bleiben wir hoffentlich allein bis gegen den 20. April, wo dann Professor Woltmann aus Bonn herauskommt, um Bodenuntersuchungen zu machen. Richard hat ihm einen Begrüßungsbesuch gemacht und war von seiner Liebenswürdigkeit und seinem Entgegenkommen ganz entzückt. Woltmann meinte, unser Land müsse ganz vorzüglich sein, das sähe man schon von unten, so jungfräulicher Urwaldboden, ein neues Schlagwort in Apia. ... Es war schrecklich viel zu tun. Richard kam erst heute Morgen um halb 5 Uhr ins Bett und ich gegen zwei Uhr. Ihr begreift nun unsere knappen Berichte. So gingen die Tage hin in viel Arbeit, aber in innigstem Glück und Einvernehmen. Ich kam natürlich nicht mehr von der Pflanzung nach Apia oder so, selbst nicht an Ostern zur Kirche. Wir feierten für uns allein, lasen im Schott die heilige Messe, wie wir es alle Sonntage hielten und lasen auch im Sonntagsbuch, das uns die gute Tante Marie in treuer Sorge mitgegeben hatte.

Bei aller Arbeit hatten wir immer viel Besuch, wodurch wir über Apia-klatsch mehr als gewünscht unterrichtet wurden. Da war besonders ein Herr Peemüller aus der Nachbarschaft, der, ein fleißiger und tüchtiger Pflanzer, fast jeden Sonntag früh uns heimsuchte und unser Frühstück teilte. Er wusste im-mer sehr viel. Von ihm hörten wir auch die meisten Schandtaten von Solf, über den er nicht genug schimpfen konnte. Später ließ er sich durch Solf kaufen, der ihn in den Gouvernementsrat wählen ließ und nun drehte der feine Freund den Spieß um und erzählte Solf seine Geschichten, die er bei uns gehört haben wollte. Das nur nebenbei, das war viel später, als die Feindschaft zwischen Solf und uns schon bestand. Der eifrigste Hetzer war in dieser Zeit eben dieser Peemüller.

Wir hatten trotz gelegentlichem Ärger aber noch keinen Grund zur Klage, denn immer wieder ließen sich Streitfragen beilegen und wir hatten doch auch kein Interesse, uns in Streitigkeiten einzulassen. Wohl hatte Vater manchmal auf die verkehrte Politik Solfs hingewiesen, der die Samoaner auf Kosten der Weißen verwöhnte und sich bei den Engländern lieb Kind machte, um gute Artikel in ausländischen Zeitungen zu haben, statt durch gute Verwaltung Ko-lonialamt und Kolonisten zufrieden zu stellen. [...][36]

---

36 Im Anschluss folgten weitere zwölf Seiten, die hier nicht abgedruckt wer-den. Sie befassen sich fast ausschließlich mit den persönlichen und gerichtlichen Schwierigkeiten, die Richard Deeken mit dem Gouverneur Solf hatte. Diese An-gelegenheit ist in der Biografie Richard Deekens bereits ausreichend dargestellt.

Else mit ihrem ersten Kind Elisabeth, genannt Liese, geboren
am 08.05.1903

Richard und Else mit Liese, 1903

Mata'afa als Taufpate von Liese

HAUSMÄDCHEN MARTHA (JULI 1903 – MÄRZ 1905)

Auf dem Schrank neben meiner Zimmertür steht ein kleiner sehr verästelter Strauch, etwa dreißig bis vierzig Zentimeter hoch und dunkelbraun mit biegsamen Zweigen. Er ist bei Samoa im Meere gewachsen und soll eine Art Koralle sein. Er ist in einen breiten weißen Fuß von Zement eingelassen, der ein paar Schnitzornamente und den vergoldeten Namen Martha trägt. Er stammt von einem braunen Verehrer, der ihn selbst gefischt und hergerichtet hat, und sie schenkte ihn mir zum Abschied.

Eines Mittags kam Richard von einer Pflanzerversammlung heim und fragte mich: »Willst du ein weißes Mädchen haben aus Deutschland?« Ich sah auf das weite silberflimmernde Meer hinaus. Die Wellen brachen sich haushoch in weißer Gischt am Riff im Hafen von Apia. In der blauen Lagune spiegelten sich die Kokospalmen – und um uns die große, große Einsamkeit der jungen Pflanzung im Busch. Im Bettchen neben mir schlummerte mein zweimonatliches Kindchen. »Ja, weißt Du, es könnte sehr schön sein«, erwiderte ich, »aber man weiß ja nicht ...?« »Du musst Dich schnell entscheiden, denn da ist mancher auf so seltenen Fang aus!«

So eilig war es nun doch nicht, denn es gab noch nicht viele weiße Frauen auf Samoa, die sich eine weiße Hilfe nehmen konnten. Darum war auch Hugo Schmidt zuerst mit seinem Anliegen an meinen Mann herangetreten. Hugo Schmidt hatte eine kleine hübsche Kakaopflanzung, von der etwa vier Acres im ersten Ertrag standen. Er hatte seine Frau aus Breslau mitgebracht, wo ihre Eltern einen größeren Gutshof besaßen. Als Schmidts kleiner Junge zwei Jahre alt war, sah er so blass und elend aus, dass der Vater Mutter und Kind zur Erholung zu den Großeltern schickte. Als Frau Schmidt im Oktober 1902 zurückkehrte, brachte sie ein junges Mädchen, Martha, mit. Sie war neunzehn Jahre alt, Näherin in einem kleinen Betrieb für ein Konfektionshaus und ihre Mutter war schon viele Jahre Wasch- Putz- und Spülfrau im Gasthaus von Frau Schmidts Eltern gewesen. Nun mussten Schmidts wieder nach Deutschland zurück, denn der kleine Junge konnte das Klima, die stehende Hitze in der Ebene zwischen Pflanzung und Urwald nicht vertragen. So verkauften sie alles an einen Freund von uns und verließen Samoa im Juli.

So kam Martha zu uns und wir hatten es nicht zu bereuen. Sie hatte hellblonde blasse Haare, hellblaue blasse Augen und sehr blasse perlmuttfarbene

Haut, war schlank und mittelgroß. Bald nahm sie mir die ganze Küche ab, saß bei mir auf der Veranda und nähte und fügte sich ganz in unsern Haushalt ein. Mit Kwang Sin, unserem Koch, und Ah Zu, dem Wäscher, kam sie gut aus.

Ende August bekam mein Mädelchen blutigen Durchfall und verfiel immer mehr. Unser Dr. Funk konnte nicht helfen, er verschrieb Kalomel[37]. Er war als junger Arzt zur großen Firma der DHPG hergekommen und wohl schon dreißig Jahre auf den Inseln ein tüchtiger Praktiker bei Weiß und Braun, aber von kleinen Kindern verstand er nicht viel und ich hatte niemanden, um nach Rat zu fragen.

Im Nachbarhaus bei unseren Pflanzungsassistenten fing es dann an, Diarrhö (Durchfall) warf sie aufs Krankenlager und Richard und Martha folgten ihnen nach. Ich allein blieb gesund und ging pflegend zwischen fünf Krankenbetten. Kwang Sin kochte Tag für Tag Haferflocken in Wasser oder Reisschleim in Wasser für alle. Im September, als es etwas besser ging, Martha schwankte sogar schon zwischen Bett und Küche, schickte mich mein Mann nach Apia, um das Baby aus der vom vielen Holzschlag verseuchten Luft herauszubringen. Im Tragestuhl, von vier Mann getragen, stieg ich im Hotel Easthope ab. Es war eine falsche Rechnung, in der Hitze wurde das Kind immer elender. Mehrere Tage saß ich einsam auf der kleinen Veranda direkt an der Meeresküste, sah auf das schweigende Meer mit Ebbe und Flut und hatte das Herz voll Sorgen und Sehnsucht nach Tapatapao, denn auch die Nachrichten von dort waren nicht gut. Während die anderen Pflanzer sich wieder betätigten, hatte mein Mann einen Rückfall und Martha konnte sich auch nicht erholen. Schlafen konnte ich nicht viel. Baby war zu unruhig und war ich morgens ein wenig eingeduselt, so weckten mich laute Stimmen unter meinem Fenster: »Good morning, Mr. Easthope!« »Good morning, Mr. Partach!« »Come in, Mr. Partach and have a little eye opener!« Worauf die alten Freunde und Trinkbrüder in der Bar verschwanden und ihren ersten Whisky nahmen.

Unerquickt von der heißen, schwitzenden Nacht begann dann mein Tagewerk, das aus Sorgen und Not bestand. Die Sonne brannte auf der weißen

---

37 Kalomel, auch Hornquecksilber genannt, ist das selten vorkommende Mineral Quecksilber(I)-chlorid. In der Medizin wurde Kalomel unter anderem gegen Entzündungen in Nase und Rachen sowie als Abführmittel angewendet, da es aufgrund seiner geringen Wasserlöslichkeit vom Körper kaum resorbiert wird.

Straße, spiegelte sich auf Meer und Brandung, stand senkrecht auf der kleinen Veranda und brachte Klein-Elschen keine Besserung.

Dann kam ein Notruf aus Tapatapao. »Komm herauf, mir geht es nicht gut!« Vor dem Hause standen Träger mit dem Langstuhl. Schnell war gepackt und von dem guten sorgenden Mr. Easthope Abschied genommen und voll Angst und Sorgen, das wimmernde Kind in den Armen, ging es hinauf nach Hause. Der Aufstieg zu Fuß betrug etwa vier Stunden. Solange es in der Ebene ging, war das Tragen erträglich, ich konnte die Stöße für das Kind abfangen. Als es aber auf dem Pflanzungsweg weiterging, der nicht genügend befestigt, ausgefahren von den schweren Holzfuhren für den Hausbau und ausgewaschen von den Wasserfluten der Regenzeit war, begann die Tortur. Da stieg ich lieber ab und lief die letzten zwei Stunden zu Fuß nebenher. Kaum war ich abgestiegen, schlief das Kind in meinen Armen ein, schlief, bis wir oben ankamen.

Auf der Veranda stand hohläugig mein Mann, daneben schlank und schwarz der gute Pater Lézère, der auf einen Notruf gleich aus der Mission heraufgekommen war. Ich war glücklich, wieder daheim zu sein und, oh Wunder, das schlafende Baby Else auf mein Bett gelegt, schlief weiter bis zum anderen Morgen. Richard, von Pater Lézère beraten, der wie alle Missionare auch etwas von Medizin verstand, hatte seine täglichen Dosen Antipyrin[38] aufgegeben, die er gegen das Fieber genommen, da ließen die Herzschmerzen und alles andere nach. Durch die große Influenza-Epidemie, die in Apia herrschte, hatte Dr. Funk nur brieflich seine Anordnungen geben können, die nicht zu Platze waren. Durch den langen Schlaf und den hastigen Aufbruch von Apia hatte auch Baby die gewohnte Dosis Kalomel nicht erhalten und sieh da, auch da war das Versäumnis zu Heil. Es hatte Hunger und trank sein ganzes Fläschchen ohne Aufhören leer und die Gesundung beider Patienten machte täglich Fortschritte. Auch Martha erholte sich bald, da sie sich nun schonen konnte und bald lief der Haushalt wieder am Schnürchen, nur Kwang Sin war nicht mehr Alleinherrscher in der Küche. Aber auch er hatte allerhand gelernt und zeigte das voll Stolz.

---

38 Antipyrin war der Markenname des Schmerzmittels Phenazon. Seit 1987 ist dieses Medikament in Deutschland nicht mehr für die Humanmedizin zugelassen, da es Krebs auslösen kann.

Nun musste man auch bald an Weihnachten denken, wenigstens für die Lieben daheim in Deutschland, ferne, ferne! Es war ein großes Kopfzerbrechen, denn woran konnten die verwöhnten Kulturmenschen Gefallen finden? Im Jahre vorher hatten wir allerhand hübsche und wertvolle Sachen, die bei dem Chinsentransport aus China mitgekommen waren, schicken können: schöne, fest schließende Teedosen, frisch- oder heißhaltende Gefäße aus Zinn wie die Teedosen, ein reizendes Porzellanboot. Das Jahr vorher hatten allerhand samoanische Kuriositäten herhalten müssen, aber diesmal? Da verfiel ich auf die Idee und fertigte von Karten mit Tapa bekleidete Bilderrähmchen und steckte Fotos von uns, von unserem Haus und Apia hinein. So konnte man wenigstens sehen, wie gerne wir die schönen vielen Geschenke aus der Heimat erwidern wollten und wie herzlich wir aller gedachten. Unser Weihnachtstisch, von der Heimat beschickt, war wieder die reinste Ausstellung, selbst Martha war bedacht, und welche Auswahl!

Die kleine Regenzeit hatte begonnen, jeden Tag gab es einen tüchtigen Regenguss. Wie schön und gemütlich war das Haus und die große schützende Veranda! Die große darauffolgende Regenzeit war diesmal nicht so schlimm wie die erste. Jeden Tag einen, selten zwei rauschende Wasserfälle. Sonnenschein und Wind trockneten die Nässe schnell. Die große Regenzeit dauerte zwei bis drei Monate und es gab auch heftige Gewitter, leider nicht nur in der Atmosphäre, sondern auch im politischen Leben auf Samoa. [...][39]

Da wir Solf nicht als letzte Instanz in unserer Rechtssache wissen wollten, erreichte es die Gesellschaft, dass der ganze Prozess nach Berlin überwiesen wurde und wir in Urlaub nach Hause kommen sollten. Das war im Februar 1905. Martha reiste natürlich mit und war mir eine treue, hilfreiche Reisebegleiterin. Wie reisten über Sydney, weil da die für die Kinder lästige lange Bahnfahrt durch Amerika fortfiel, wir auch nicht in der kalten Zeit in Europa eintrafen, sondern uns allmählich auf der Dampferfahrt und anschließend in Nervi in Italien akklimatisieren konnten.

In Sydney mussten wir fast drei Wochen auf den Dampfer des Norddeutschen Lloyd »Bremen« warten. Richard besuchte Geschäftsfreunde und

---

39 Nun folgen fünf Seiten mit den Schwierigkeiten zwischen Richard Deeken und dem Gouverneur Solf und dem anstehenden Gerichtsverfahren, die hier ausgelassen werden.

schloss neue Verbindungen, während wir Frauen mit den Kindern auf den weiten herrlichen Rasenflächen des wunderbaren botanischen Gartens, der sich weit an der Meeresküste des Sydneyhafens hinzieht, lagerten, picknickten und Spiele trieben. Alles, was man Schönes auf Weltreisen erleben kann, in Colones, in Aden und Port Said etc., ist schon so oft beschrieben worden, dass ich davon absehen kann. In Port Said erhielten wir die Nachricht, dass meine Eltern uns bis nach Genua entgegenkommen wollten und den kleinen holländischen Indiendampfer »Wilhelmintje« benutzen würden. Früh fünf Uhr bei der Einfahrt in den Genueser Hafen wurden wir geweckt. Der Kapitän ließ uns sagen, »Wilhelmintje« liefe vor uns her! Wie schnell liefen wir auf Deck, wie klopfte unser Herz, wie schnell waren wir fertig mit allem, selbst die Kinder angezogen, denn alles war schon abends gepackt worden! Und dann nach all den Förmlichkeiten das Wiedersehen!! Es war auch ein Abschied von Martha, die weiterfuhr. Ihr Schmerz wurde wesentlich gemildert, denn sie hatte sich mit dem Schiffszimmermann verlobt, den sie auch noch Ende des Jahres heiratete. Ihre Heimat wurde Gehe bei Bremen.

Richard und Else mit ihrem zweiten Kind, Gottfried, 1905

BESUCH VON HERRN UND FRAU ZIESCHANK[40]

AUF TAPATAPAO- APRIL 1908

Gestern habe ich einen neuen starken Eindruck empfangen. Zum ersten Mal waren wir in Tapatapao, der Pflanzung der »Deutschen Samoa-Gesellschaft«. Reichlich zwei Stunden brauchten wir hinauf, denn es ist die höchstgelegene Plantage des sogenannten »Pflanzungsbezirks«. Der Weg führte an allerhand Privatpflanzungen und an der großen Plantage der englischen Gesellschaft vorüber.

Endlich sahen wir Tapatapao vor uns liegen. Hoch oben auf dem Berge, über dem größten Teil der Pflanzung, thronte das Haus des Direktors, unser Ziel.

Was mir bisher immer unklar als das Ideal des hiesigen Lebens vorgeschwebt hatte, hier fand ich es verkörpert! Echtes deutsches Familienleben blühte hier oben unter den glücklichsten Bedingungen.

Umgeben von drei rotbäckigen, blondlockigen Kindern, das jüngste noch auf dem Arm, und dabei schon wieder in Erwartung neuen Zuwachses, so trat uns die reizende junge Hausfrau an der Seite ihres Gatten entgegen.[41]

Die Lage dieses Hauses ist einzig schön. Weit und frei schweift der Blick über die Anlagen der Pflanzung, über das bewaldete Berggelände hinab, wo der Hafen vom silberweiß schimmernden Riffband umrahmt liegt und weit, weit darüber hinaus, über den in leuchtender Bläue sich breitenden Ozean.

---

40 Die Texte dieses Kapitels entstammen dem Buch »Ein Jahrzehnt in Samoa (1906-1916)« von Frieda Zieschank, Verlag Haberland, Leipzig 1918.
41 Die Beschreibung der Kinder der Deekens an dieser Stelle deckt sich nicht mit der Datierung des Besuchs. Im April 1908 hatten die Deekens vier Kinder. Das damals jüngste Kind Maria wurde im März 1908 geboren und das nächste Kind Trude erst im November 1909.

Besuch der Familie Zieschank auf Tapatapao, 1908

Frisch und kühl ist hier oben die Luft. Der klimatische Unterschied zeigte sich deutlich an der reich blühenden und duftenden Hecke von Edelrosen vor dem Hause. Rosen sind hier unten im Küstengebiet wohl auch anzupflanzen, aber sie bringen nur kümmerliche Blüten mit ganz schwachem Duft hervor.

Wir verbrachten einen wunderschönen, anregenden Tag bei dem feingebildeten Ehepaar in Tapatapao. Ehe wir uns gegen Abend auf den Heimweg machten, wanderten wir noch ein Stündchen durch die Pflanzung.

Es sind reine Kakaokulturen, zum Teil schon tragend. Ein erhebendes Gefühl muss es für den Pflanzer sein, wenn er da, wo früher wüster Busch sich breitete, nun seine jungen edlen Bäume wachsen und Früchte tragen sieht. Man kann sich kaum einen dankbareren als den Pflanzerberuf denken!

Fast alle bauen jetzt nur noch Kakao an. Man verspricht sich von ihm viel höhere Erträge als von Palmen, und es scheint wirklich, dass diese Kultur sich glänzend lohnt. Aber bisher sind noch nicht viel Kakaopflanzungen in ertragsfähigem Alter. Man muss also abwarten, wie sich die Dinge weiterhin gestalten werden.

Else mit Liese, Bernhard und Gottfried (von links), um 1908

Else mit Maria, Tapatapao 1908   Richard und Else mit Maria, 1908

Else mit Bernhard, Gottfried, Maria und Liese (von links), Tapatapao 1908

In den Bergen sind wir, in der Sommerfrische! Und hier oben ist es wirklich sehr frisch im Gegensatz zum Küstengebiet.

Erholungsbedürfnis war es zwar nicht, was mich mit dem Kinde herauf lockte, sondern eine freundliche Einladung der liebenswürdigen Direktorenfamilie von Tapatapao. Deekens haben sich hier oben in den Bergen, östlich von Apia, nicht viel niedriger als der Lanutoo gelegen, einen entzückenden Sommersitz gebaut, auf dem sie jedes Jahr einige Monate verbringen.

Es ist eine richtige Farm. Ein Häuschen im Bauernstil, mit kleinen Zimmern und großen Veranden, eine Weide mit gutem Milchvieh, Gemüsegarten und Geflügelhof. Ein junger deutscher Landwirt hat die Farmleitung unter sich und erfolgreich wird Milchwirtschaft betrieben und auch Apia mit frischer Butter und Käse versorgt.

Man sollte den Temperaturunterschied zwischen der Küste und diesem Platz nicht für möglich halten, denn man kann den Weg hier herauf bequem in zwei Stunden zu Fuß zurücklegen. Dabei sank das Thermometer hier oben in den letzten Nächten bis auf acht Grad!

Deekens vermieten, wenn sie nicht hier sind, das obere Stockwerk (unten wohnt der Verwalter) mit allem Inventar an erholungsbedürftige Ansiedler. Und das ist eine herrliche Gelegenheit für abgearbeitete, Ruhe suchende Leute, die sich damit eine weite Seereise ersparen können. Denn hier oben finden sie wirklich alles, dessen sie bedürfen: frische, kühle Luft, gute Kost, Ruhe und herrliche Natur.

In den Tagesstunden brennt hier oben die Sonne auch, aber nicht stärker als zu Hause an Hochsommertagen. Doch vor Sonnenuntergang muss man sich schleunigst in wärmere Kleidung hüllen, denn dann fängt es an, für den Tropenmenschen empfindlich kühl zu werden. Gestern Abend haben wir sogar das Wohnzimmer ganz dichtmachen und mit einem Petroleumofen heizen müssen, so kalt war es geworden. In Mäntel und Decken gewickelt, tranken wir zur Erwärmung noch einen steifen Grog!

Morgens früh weckt mich das melodische Läuten der Kuhglocken. Wenn ich dann schlaftrunken durch die Lider blinzele und die Sonne durch die ausgeschnittenen Herzen der grünen, hölzernen Fensterläden funkeln sehe, bilde ich mir ein, daheim in einem Bauernhause zu ruhen. Einen herrlichen Badeplatz hat Malololelei. Hinter der Weide liegt eine tiefe Schlucht, in die ein schmaler Serpentinenpfad hinabführt. Hier ist außer dem Pfade alles Wildnis, dichter tropischer Busch. Und ganz unten auf dem Grunde der Schlucht plätschert ein lieblicher Fluss über das Lavagestein. Ein Wasserfall rauscht von der Höhe herab und bietet für den, dem das Schwimmbad nicht genügt, noch eine kräftige Dusche. In dieser unberührten und unbelauschten Einsamkeit sein Bad zu nehmen, ist immer von Neuem ein köstliches Erlebnis. Was ist dagegen Norderney und Ostende?

Die Aussicht von der Veranda aus ist bezaubernd. Zwar übersieht man nicht so frei wie in Tapatapao das ganze Land bis zur Küste hinab, nur ein großer Ausschnitt lässt nach einer nordöstlichen Bucht hinabblicken. Dafür liegt aber der Horizont noch viel weiter über dem Meere und die östlichen, majestätischen Berghänge, die als Kulissen den Blick hemmen, geben dem Landschaftsbild einen eigenen Charakter.

Anwesen der Deekens auf Malololelei

142

Fräulein Kalivoda mit Liese, Gottfried und Bernhard, Malololelei

ELSE DEEKEN: OMA ERZÄHLT IHREM KRANKEN HANNELE[41]

»Hannele ist krank!« Sie muss ins Krankenhaus, ganz allein, fort aus dem Kreise der munteren Geschwister, fort von allen lustigen Kameradinnen. Eltern und Geschwister dürfen sie nur durchs Fenster sehen, denn sie hat Scharlach und könnte andere anstecken. Oma sitzt im fernen Miltenberg und möchte so gerne etwas tun, das kranke Hannele zu trösten und zu erfreuen. Da schreibt sie ihr Briefe und in jedem erzählt sie ihr von ihren Erinnerungen aus ihrem Leben auf Samoa. So entstand dies Büchlein: »Oma erzählt ihrem kranken Hannele«

Gewiss kennst du einen Globus, eine drehbare Erdkugel? Ihr habt sicher einen in eurer Schule. Wenn du da auf dem kleinwinzigen Europa Deutschland suchst und mit dem Finger der anderen Hand genau auf die Gegenseite der Kugel tupfst, dann zeigst du auf den Großen- oder Stillen Ozean und bist nicht mehr weit davon, wo ich dich hinführen will. Das ist eine Reise so weit und sie führt durch so viele Länder und Erdteile, dass ein Deutscher heute nicht einmal daran denken kann, dorthin zu reisen.

Mitten im Stillen Ozean liegt die kleine wunderschöne Insel »Samoa«. Das Meer ist so blau, dass man es nicht beschreiben kann, und der Himmel darüber ist ebenso blau, nur türmen sich etwas über dem Horizont gewaltige schneeweiße Wolkengebirge, die im leichten Seewind vielerlei Gestalten annehmen. Und rund um die Insel liegt ein Kranz von Korallenriffen, das sind Felsen, die aus dem Wasser emporwachsen, daran schäumt das Meer in wilder Brandung schneeweiß auf. Und das Land ist so grün, grün in allen Schattierungen, denn jedes Fleckchen Erde ist bewaldet, bewachsen und selbst die schroffsten Felsen haben wenigstens ein grünes Mooskleidchen angelegt.

Im Norden hat die Insel einen weiten hufeisenförmigen Hafen. Dort liegt die größte Ansiedlung, die Haupt- und Hafenstadt Apia. Weiße Häuser

---

41 Diese Aufzeichnungen verfasste Else Deeken 1948 für ihre Enkelin Hanne Jagfeld, die eine längere Zeit im Krankenhaus verbringen musste.

schimmern zwischen braunen Eingeborenenhütten und dem Grün der Kokospalmen und vielen Fruchtgärten hervor. An den Meeresküsten liegen die Samoadörfer, eingebettet in ganze Wälder von Bananenstauden und hohen Kokospalmen.

Wenn man nun vom Hafenplatz Apia landeinwärts geht, kommt man an mehreren hübschen sauberen Samoadörfern vorüber. Die bienenkorbartigen Hütten sind von schönen gepflegten Rasenplätzen umgeben, auf denen im Mondenschein die schönen Mädchen ihre Reigen tanzen, denn das Völkchen ist immer fröhlich und zu Spiel und Tanz aufgelegt. An der langen Lotopastraße, die nach Süden zu den Bergen ins Innere der Insel führt und die von Kokospalmen und blühenden Hibiskushecken umsäumt ist, liegen viele hübsche Häuser von weißen Ansiedlern bis dicht zum Fuluasofluss. Dieser ist in der Regenzeit wild und reißend, aber in der Trockenperiode kann man ihn durchwaten und geschickte Springer können trockenen Fußes über große Steine hinweg ans andere Ufer gelangen.

Eines frühen Morgens ritten einige Weiße, darunter auch eine Frau, in Begleitung von etwa zwanzig bis dreißig Samoanern diesen Weg entlang, durchquerten den Fuluaso und kamen an mehreren gut gedeihenden Pflanzungen vorbei. Nach einer halben Stunde machte der Weg eine scharfe Biegung nach links und wurde bald zu einem schmalen, aber stark betretenen Pfad. In der Biegung lag eine eben neu angelegte Kakaopflanzung, frisch mit Stacheldraht eingezäunt. Bisher war die Straße nur unmerklich angestiegen, jetzt aber ging es stärker bergauf bis zu einer neuen Rodung. wo eine englische Gesellschaft auch eine Kakaopflanzung anlegen wollte.

Hier stiegen die Weißen von ihren Pferden, denn nun hörte der reitbare Weg auf und man musste zu Fuß weiterkommen. Die Pferde wurden mit langem Seil angebunden und fanden so für den Tag genug Futter. Die Frau musste ihren Reitrock ablegen, um nicht an Dornen und Gestrüpp hängen zu bleiben, denn nun ging es in den Wald hinein, in den Urwald. Zuerst erschien er gar nicht so gewaltig, man konnte sogar zwischen den Bäumen durchsehen. Es ging immer an einem schmalen Bächlein entlang, das über schroffe Felsen hüpfte und sprang und in kleinen Wasserfällen herabschoss. Es hieß tüchtig klettern. Dann musste man den Pfad verlassen und sich quer durch den Wald winden. Die Samoaner benutzten nun ihre großen festen Buschmesser und hieben einen schmalen Durchschlupf zwischen den Lianengehängen, die

Baum mit Baum zu einem undurchdringlichen Dickicht verbanden. Vor lauter Blattgewirr waren die mächtigen Stämme kaum zu erkennen. Nur ab und zu, wo so ein Baumriese gestürzt war, konnte man mal einen Streifen Himmel erspähen. Dann aber musste man das Hindernis nehmen, das meist weit höher war als die Menschen.

Nach einer ziemlichen Kletterei wurde an einem kleinen Abhang Halt gemacht. Der Landvermesser zog eine Karte heraus und erklärte die Gegend und meinte, dieser Platz käme am besten für einen Hausbau in Frage, denn ebener sei hier nirgends das Land. Wo es ebener sei, läge es zu weit von der Staatsstraße weg, was die Kosten für den notwendigen Straßenbau sehr erhöhen würde. Auch sei der Bach nicht weit und zudem sei sicher von hier aus, wenn erst der Wald niedergelegt sei, das Meer zu sehen und vielleicht gar etwas von Apia.

Es stand da eine Kokospalme, aus deren Stamm, der wohl mal in Mannshöhe abgebrochen war, drei neue Stämme gewachsen waren. Kokospalmen wachsen sonst nicht im Urwald. Sie war schon recht alt, das zeigte der wilde Wald um sie her. Vielleicht war vor hundert Jahren dort eine samoanische Pflanzung gewesen. Im Allgemeinen liegen die sehr gut gehaltenen Felder der Eingeborenen dicht bei ihren Dörfern in der Ebene. Nur in unruhigen Kriegszeiten legten sie solche auch höher in den Bergen an, um sie vor der Zerstörung durch die Feinde zu retten und damit sie nicht Hunger leiden müssten, wenn in der Ebene alles verwüstet wäre. Sie hatten in gefährlichen Zeiten auch ihre Schlupfwinkel dort. So mag auch hier mal eine Kriegspflanzung gewesen sein und diese Palme hatte sich trotz des wieder gewachsenen Urwaldes behauptet.

Da der Durst alle sehr plagte und hoch über den höchsten Waldbäumen – und diese sind weit höher als alle Bäume, die ihr kennt, wohl kirchturmhoch – ein Büschel großer Kokosnüsse hing, kletterte ein Samoaner an einem der glatten Stämme hinauf. Aus einem starken Strick machte er eine Schlinge, durch die er seine beiden Füße steckte und dann umfasste er den Stamm und mit starkem, sich immer wiederholendem Ruck sprang er mit gleichen Füßen in kurzer Zeit in den Wipfel. Oben wiegte er sich im Übermut eine Weile hin und her und warf uns dann die Nüsse herunter.

Die meisten waren noch ganz junge Nüsse, sogenannte Trinknüsse. Da ist erst ganz wenig Nussfleisch vorhanden, nur etwa fünf Millimeter dick. Die ganze Nuss ist mit ziemlich klarem Fruchtwasser gefüllt, das ganz köstlich, kühl und erfrischend mundet. Es prickelt ein wenig auf der Zunge wie Sprudelwasser und hat einen süßen Nussgeschmack. Die ausgereiften Nüsse haben eine dicke Schicht süßes Nussfleisch und einen lose liegenden runden Kern, der Keim einer neuen Palme.

Es ist eine ganze Arbeit, so eine große Nuss zu knacken. Sie ist ungefähr kinderkopfgroß. Die äußere Schale ist glatt und fest und wohl fünf Zentimeter dick. Innen ist sie faserig. Der Samoaner suchte sich einen ganz dünnen Baumstamm aus, hieb ihn in Kniehöhe ab und spitze ihn grob zu. Dann schlug er mit der Nuss fest darauf, dass die Spitze in die Schale drang und riss sie von der inneren holzigen Schale ab. Aus den starken Fasern der äußeren Schale drehen die Samoaner ihre dünnen, aber sehr festen Bindfäden, mit denen sie alles befestigen, selbst das, wofür wir Nägel brauchen, die sie nicht haben, wie beim Hausbau und Bootsbau. Wir kennen die dicken Kokosfasermatten, auf denen man sich an den Türen die Füße abstreift. Die sehr harte innere Nussschale wird dann mit dem Buschmesser oder Hammer genau da, wo die drei Keimstellen sind, leicht angehauen, worauf ein dreieckiges Stück herausspringt. Ist es eine Trinknuss, so ist der schönste Naturbecher schon fertig, man schlürft sie an diesem Loch aus. Im andern Falle ist jetzt die Schale leicht zu zertrümmern, um die leckere Nuss zu verzehren. Sie ist eine Hauptnahrung der eingeborenen Bevölkerung.

Die dreistämmige Kokospalme wurde nun der Richtpunkt beim Ausmessen des Hausplatzes und gleich wurden im großen Umkreis die Bäume bezeichnet, die gefällt werden mussten. Während die Männer so arbeiteten, suchte sich die Frau ein Plätzchen, wo man sich niederlassen konnte und packte die Proviantasche aus. Da gab es allerhand Gutes. Gerösteter Taro, eine Knollenfrucht, die oftmals die Kartoffel oder das Brot ersetzen musste, dazu ein paar gebackene Hähnchen, Dosenschinken und Ölsardinen, Käse und Butter; als Getränk kalter Tee mit Zitronen. Bald war alles auf einigen großen Palmblättern appetitlich angerichtet, da kamen auch schon die Männer und ließen sich Essen und Ruhe wohl bekommen. Nach einer kleinen Rast musste an den Abstieg gedacht werden. Die Gesellschaft wählte jetzt den weiteren Weg am Bächlein entlang, der auch viel mühsamer und steiler war. Man wollte doch sehen, wie weit das Wasser vom Hausplatz entfernt sei. So kamen sie an die Ostgrenze der zukünftigen Pflanzung, wo ein ziemlich freier Platz war. Es war der Rastplatz der Samoaner, die den Fußweg über den Berg benutzten, um auf die andere Seite der Insel zu gelangen. Hier wurde das Lager für die Leute aufgeschlagen, die den Urwald fällen sollten, dieselben, die heute die kleine Expedition mitgemacht hatten.

Ihr Leiter aber war dein Großvater und die Frau, die mitritt, ich – deine Oma. Wir waren schon einige Wochen auf der wunderlieblichen Insel Samoa. Erst hatten wir zu Gast in der herrlichen Villa Vailima gewohnt, doch diese lag auf einem andern Bergrücken und weit ab von unserem Lande. Darum mieteten wir ein kleines Häuschen an der Lotopastraße. Es war ein rechtes Behelfsheim! Du denkst, damals, 1902, habe es Behelfsheime noch nicht gegeben? Aber doch, in Samoa bestimmt! Denn mitten im Urwald kann man doch nicht so einfach eine passende Wohnung finden, die muss man sich erst bauen. Nur das Notwendigste hatten wir von unseren Sachen ausgepackt, hatten Betten, Tisch und Stühle geliehen, denn alles war so gut und fest verpackt, dass es am besten so blieb für den großen Umzug ins endgültige Heim. Nur ein fester Schrank, den man auch abschließen konnte, und meine Nähmaschine machten eine Ausnahme.

Von hier aus konnten wir die Arbeiten auf der Pflanzung und den Hausbau beaufsichtigen. Großvater ritt jeden zweiten Tag hinauf und oft begleitete ich ihn, um zu sehen, welche Fortschritte gemacht wurden. Das Wichtigste neben dem Urbarmachen des Landes für die Pflanzung war der Wegebau, denn alles Baumaterial für die Häuser und die Lebensmittel für die vielen Menschen mussten herauftransportiert werden. Zuerst wurde alles in Traglasten an langen Stangen zwischen zwei kräftigen Männern heraufgetragen. Nachdem aber der Wald auf der künftigen Straße geschlagen war und die schlimmsten Hindernisse, wie Felsblöcke, beseitigt waren, bekamen die inzwischen gekauften Pferde Tragsättel und lösten die Menschen ab. Es war eine harte Zeit für Mensch und Tier! Als der Platz, wo das Aussiedlerhaus stehen sollte, von Busch und Baum frei war, sah man, dass er gar nicht eben war, sondern nur nicht so steil abfiel wie seine Umgebung. Es mussten große Erdmassen bewegt werden, ehe man an den eigentlichen Bau denken konnte. Genug Felsblöcke lagen umher, so wurde eine große Steinaufschüttung angelegt und von oben Erdreich abgegraben. Die Samoaner sind stattliche, kräftige Menschen und wenn sie für etwas interessiert sind, können sie tüchtig arbeiten. Bäume fällen machen sie als Sport. Mit viel »Juhu« und »Hallo« treiben sie sich gegenseitig zu immer gewaltigeren Axthieben an. Das gefällt ihnen. Dagegen langweilt sie das Aufräumen und Zerkleinern der Bäume und geht darum viel langsamer voran. Die Erdmassen zu einer schönen Terrasse aufzuschütten war ihnen eine bekannte Arbeit. Ihre eigenen Häuser stehen gegen die Erdfeuchtigkeit auch auf schön aufgeschichteten Steinaufschüttungen. Die Neugier auf das neue große Haus trieb sie auch und so war bald eine große schöne Terrasse fertig gestellt.

Nun konnten die Zimmerleute kommen. Ein Glück, dass die sogenannte »kleine« Regenzeit, die schon lange erwartet wurde, (sie blieb dieses Jahr ganz aus) noch nicht eingesetzt hatte. So konnten die Zimmerleute zunächst in den Hütten der Pflanzungsarbeiter unterkommen, bis in wenigen Tagen das Kochhaus, das in Samoa wegen der Hitze und der Feuergefahr immer etwas vom Wohnhaus entfernt steht, im Rohbau fertig war. Dann siedelten sie dahin über.

Hochbetrieb herrschte auf der neuen Siedlung, die den Namen »Tapatapao« bekam nach dem Rastplatz der Samoaner. Jetzt befand sich das Zeltlager dort, in dem Herr Blitzner mit seinem Assistenten hauste. Im Schutze der nächsten Bäume hatten sich die samoanischen Waldarbeiter ihre Buschhütten aufgeschlagenen. Eigentlich waren es mehr Schlafstellen, die geschickt aus den dünnen Buschpalmen, die allenthalben als Unterholz im Urwald wuchsen, hergestellt waren. Vier Pfosten wurden in die Erde gerammt und in einem Meter Höhe durch Querstämme fest miteinander verbunden. Darauf kam eine Auflage von dicht aneinander geschnürten Stämmchen der Buschpalmen. Solch eine Schlafstelle war von der Länge eines Mannes und so breit, dass drei bequem nebeneinanderliegen konnten. Sie diente auch als Sitz während der Arbeitspausen. Die Dächer waren aus den Wedeln der Palmen und auch aus anderen Zweigen und Blättern gemacht und waren regensicher. Sie waren nur so hoch, dass man darunter hocken konnte. Das Lager wurde mit grob geflochtenen Matten bedeckt und war elastisch und weich, also gut zum Ruhen. Ein kleines Kochhaus hatten sie sich gleich dabei errichtet, das auch für die Weißen mitbenutzt wurde. Es war eine einfache Feuerstelle mit einem Gestell, daran man den Wasserkessel aufhängen konnte, und einigen großen Steinen, die die Kochtöpfe stützten. Die Samoaner hatten sich dabei eine kleine Kochgrube gegraben, den *umu*, worin sie ihr tägliches Brot, geröstete grüne Bananen, backen konnten. Über dem Ganzen war ein Laubdach angebracht.

Das große Zelt, ein Doppelzelt, enthielt ein Feldbett, einen Tisch, mehrere Stühle und eine feste Seemannskiste statt eines Schrankes. Der Boden war sauber gehalten und mit einer samoanischen Matte belegt. Ein zweites Bett in der Art der eben beschriebenen Lagerstätten, nur niedriger an der Erde, diente dem zweiten Weißen. Für einen allein wäre die Einsamkeit zu groß gewesen.

Die Axt hauste sehr im Walde. Überall krachten die Bäume zusammen. In den schon geschlagenen Feldern wurde das Holz aufgeräumt, das heißt, die Äste wurden teils abgehauen, teils abgesägt und in Reihen aufgeschichtet und verbrannt. Mit dem, was dem Feuer widerstand, musste die Zeit aufräumen. Dazwischen wurden schnurgerade Reihen abgesteckt und darin Pflanzlöcher ausgehoben, denn die Kakaobäume sollten wie die Soldaten in Reih und Glied ausgerichtet stehen.

Und eines Tages durfte ich wieder mit hinaufreiten und mithelfen, die ersten Kakaobohnen der Erde anzuvertrauen. In jedes Pflanzloch wurden sorgsam drei Bohnen gelegt und ein Samoaner streute die fein zerkrümelte Erde darauf. Wenn die Bohnen keimten und zu dreißig Zentimeter hohen Pflänzchen gediehen waren, wurde an jeder Pflanzstelle nur eines, das Kräftigste, stehen gelassen, die anderen wurden ausgerissen. Dieses Samenlegen war fast eine heilige Handlung, denn Gott musste doch seinen Segen dazu geben, dass auch das Werk gedieh. So ging es eine Reihe nach der anderen entlang, aber nicht wie bei einem Spaziergang. Man musste noch über Vieles hinwegklettern, auch über Felsen, Steingeröll und Baumstämme. Es war ein rechtes Stück Arbeit- aber ein sehr schönes.

Her Blitzner, früher Kakaopflanzer in Afrika, hatte zur Feier des Tages ein gutes Mahl zusammengestellt und sein samoanischer Diener nach seinen Anweisungen den Tisch im Freien gedeckt und mit weißen Orchideen festlich geschmückt. An Gedecken waren vorhanden: ein Suppenteller, ein Frühstücksteller und ein kleiner Napf. Der Vierte bekam für die Suppe eine Tasse und für die anderen Gerichte ein schönes frisches Blatt. Zwei Löffel, zwei Gabeln und zwei Messer mussten uns genügen, es ging auch. An Stelle der fehlenden Gabeln waren die Finger gestattet.

Nach dem Essen ruhte ich unter Urwaldbäumen in einer Hängematte. Danach ging es hinauf zum Hausbau. Das war jetzt leichter als beim ersten Mal. Der Weg war ausgerodet und die schlimmsten Felsblöcke auf Seite geräumt. Es war ein schöner Spaziergang, keine anstrengende Kletterei mehr, obwohl der Weg stetig anstieg. Da oben aber sah es heiter aus! Der weite, freie Platz war noch übersät mit gefällten Urwaldriesen, deren Äste und Zweige ein hoch zum Himmel strebendes Dickicht bildeten. Die Aussicht auf das Meer konnte man nur durch kleine Durchblicke von der schon fertig gestellten Hausterrasse genießen. Diese erschien in der Umgebung gar nicht so groß, wie ich gedacht und wie sie auch wirklich war. Auf ihr erhoben sich viele starke Pfosten, die alle schön ausgerichtet auf glatten flachen Steinen standen. Sie waren alle miteinander verstrebt. Da die Terrasse auch nicht ganz horizontal war, waren die vorderen Pfosten viel höher als die bergwärts stehenden, sodass man vorne unter dem Hause hergehen konnte, während sie hinten nur einen halben Meter hoch waren. Man hatte schon angefangen, die Fußböden zu legen. An der vorderen Seite standen schon die Pfosten für die Zimmerwände und die Außenbretter waren bis zur Höhe der Fenster schon angenagelt. Der Hobel sang und quietschte, die Säge grätschte durch die dicken Bretter und unter kräftigen Hammerschlägen fuhren die Nägel in das Holz.

Ich stand herum. Schließlich ließ ich mich auf einem Stapel Bretter nieder. Das wurde nun mein Heim! Es stand schon so lange vor meinen Augen. Fünf große Zimmer sollte es haben, in der Mitte das größte, das Esszimmer. Von diesem sollten Türen in meines Mannes Arbeitszimmer, den kleinen Salon und in die Schlafzimmer führen. Eine mehr als drei Meter breite Veranda war geplant an der Vorderseite, dem Meere zu und an der Ostseite. Im Süden, nach den Bergen hin war sie nur als breiter Gang gedacht, der zum Kochhaus führte. Nur an der Westseite, an den Schlafzimmern, sollte keine Veranda sein, damit Sonne und Wind freien Zutritt hätten. Vier Doppeltüren, die oberen Hälften aus Glas, sollten auf die vordere Veranda führen, um zugleich die Fenster zu ersetzen. Wann sollte wohl mein Traumbild fertig werden? Doch jeder Hammerschlag brachte das Ende näher und es war doch schön, das Werden zu sehen!

Inzwischen gingen täglich die Fuhren den Berg hinauf und immer, wenn ich einmal mitritt, fand ich Neues zu beschauen und konnte mich daran erfreuen. Auf einer Leiter turnte ich ins Haus und schaute zu den Fenstern hinaus. Von der Veranda genoss man schon einen freien Blick über das Meer, denn schon war das Dickicht in der Hausnähe weggeschafft. Das nächste Mal waren im ganzen Hause die Zimmerdecken fertig und die Dachsparren standen. Auch der Gang zum Kochhaus stand schon und in der Hausecke am Küchengang wartete das Podest auf den großen Wassertank, der das Regenwasser vom hohen Wellblechdach auffangen sollte für unsere Wasserversorgung. Sol-

Französische Missionsschule in Apia

Richard (mittlere Reihe, sitzend) auf einer Missionsstation

che Wassertanks fand man in Samoa an allen Holzhäusern mit Wellblechdach, da es noch keine Wasserleitungen mit gutem Trinkwasser gab.

Wenn man auch bei jedem Besuch Fortschritte fand, so ging der Bau doch unendlich langsam voran. *Fa'atali laititi* (warte ein wenig) ist das Leitmotiv in Samoa! Allerdings hatte man auch zwischendurch das Haus für Herrn Blitzner und den anderen weißen Angestellten, Herrn Bühring, gebaut, denn beide drängten natürlich aus dem engen, primitiven Zelt heraus. Dieses Haus, zwei Schlafzimmer und einen hübschen Wohnraum nebst breiter Veranda dem Meere zu enthaltend, lag einige hundert Schritt von unserem entfernt.

Die Verzögerungen beim Bau waren natürlich von mancherlei Art. Am meisten trug wohl die Arbeiterfrage die Schuld. Die Samoaner können nicht verstehen, warum wir Weiße immer so mit der Arbeit drängen, immer so schnell fertig sein wollen. Sie treibt nichts. Sie zählen nicht Tage, noch Stunden. Sie wissen selbst ihr Alter nicht. Sie ließen leichten Herzens Meister Zimmermann, Wald und Feldarbeit im Stich und nahmen sich wochenlang Ferien. Auch während der Arbeit machten sie viele Ruhepausen, veranstalteten Ringkämpfe und trieben allerhand Allotria wie die Kinder. So kam Weihnachten und die große Sorge, dass der Regen zu zeitig einsetzten könnte, ehe das Haus unter Dach wäre.

Das erste Weihnachtsfest fern der Heimat! Die Weihnachtspost war noch nicht eingetroffen! Im kleinen Behelfsheim an der Lotopastraße war alles weihnachtlich gerichtet. Es roch sogar ganz heimatlich nach Spekulatius und Pfefferkuchen, die ersten Erzeugnisse weihnachtlicher Backkunst in den Tropen. Ein herrlicher großer Rosenstrauß stand an Stelle eines Christbaumes auf dem Esstisch und die Bilder aller Lieben waren mit Grün geschmückt. Wir saßen im Dunkeln auf unserer winzigen Veranda, Hand in Hand, und erzählten uns von schönen, lieben Weihnachtsfesten im fernen Deutschland und malten uns aus, wie es im nächsten Jahre im eigenen Heim sein würde.

Am Morgen des ersten Feiertages wurde das Pferdchen in den kleinen zweirädrigen Wagen gespannt und im flotten Trab ging es zum Vaiaberg, der gleich im Rücken Apias aufsteigt und wo die katholische Mission eine Station hatte. Dort oben feierten wir im kleinen Kirchlein eine stille, aber sehr innige Weihnachtsmesse. Die guten Patres hielten uns zum Frühstück oben. Es wurde in einem reizenden Gartenhäuschen gleich am Bergabhang serviert. Es war köstlich! Brot hatten sie nicht, aber der Taro kam heiß aus dem *umu* und ersetzte es mit selbstgemachter »frischer« Butter und Honig aus eigenem Stock aufs Beste. Dazu guter Kaffee und die lieben Wirte, die von ihrer Armut so fröhlichen Herzens anboten und zum Zugreifen nötigten.

Taro ist eine spindelförmige Knollenfrucht. Eine reicht für mehrere Personen. Man kann sie wie Kartoffeln schälen, in Stücke schneiden und in Salzwasser abkochen. Aber ungleich besser schmeckt sie auf samoanische Art im *umu* gebacken. Der *umu* ist ein Loch in der Erde, schön viereckig ausgegraben, das mit glühend gemachten Lavasteinen dick ausgelegt wird. Darauf kommen die in Bananenblättern eingepackten Esswaren, also auch Bananen, Fische, Tauben und Hühner, ja sogar ganze Schweine in besonders großen *umus*. Darauf werden wieder glühende Steine geschichtet, mit Bananenblättern abgedeckt und dann das Loch mit Erde fest zugestampft. Nach der gehörigen Zeit wird alles köstlich gebacken herausgenommen.

Mit herzlichem Dank wurde von den guten Patres Abschied genommen. Wir hatten eben den Böllerschuss gehört, der die Ankunft des Postdampfers kundgab, und da bog auch schon die kleine »Kawan« um die Halbinsel Matautu. Auf der Fahrt nach Hause konnten wir schon unsere Briefe und Pakete mitnehmen. War das eine Freude! Soviel Schönes hatten Eltern, Geschwister und Verwandtschaft ausgesucht, den fernen Kindern eine Freude zu bereiten. Und es waren nur gute Nachrichten mit so lieben Worten und Wünschen. Da gab es neue Bücher, einen reizenden Anhänger am Goldkettchen usw. und von der guten Tante Marie die schöne Krippe. Die wurde gleich unter den Rosen aufgebaut und alsbald war die fehlende Weihnachtsstimmung da – das Christkindchen war bei uns eingekehrt.

Nachdem Wagen und Pferd besorgt waren, machten wir uns gemeinsam an das Bereiten des Festschmauses, denn Großvater meinte, als alter Offizier verstünde er von den Biwaks her mehr von Beefsteakbraten. Als es nachher zu stark gesalzen war, sagte er, es käme von der Kraft, ich aber behauptete, es käme von der Liebe!

Still und froh ging das Fest zur Neige und ebenso das alte Jahr. In den ersten Tagen des neuen Jahres sollte die Übersiedlung nach Tapatapao vor sich gehen. Ja, es musste sein, obwohl das Haus noch nicht fertig war. Die Regenzeit setzte ein. Es waren erst vereinzelte Schauer gefallen, aber bald würde die noch nicht befestigte Straße unbefahrbar werden. Eines Tages hielt vor unserem Häuschen der große Lastwagen. Natürlich war es kein Auto, so etwas gab es damals noch nicht. Auch eine Trägerkolonne von zwanzig Mann war angetreten und nun begann ein Räumen und Packen! Da waren außer den Sachen, die wir bis jetzt schon im Gebrauch hatten, die vielen Kasten, Kisten und Koffer voll Möbelteilen, Geschirr und Wäsche, Bücher, Handwerkszeug und Vorräten. Was nicht Platz auf dem Wagen hatte, wurde zu Traglasten für Pferde und Menschen verschnürt. Es war der reine »Auszug aus Ägypten«. Auch die Hühner und die frischmelkende Kuh mussten mit. Es war schon zehn Uhr vorbei, als endlich die vier Pferde anzogen und sich der Zug in Bewegung setzte. Neben Großvater als Fuhrmann thronte ich auf dem Bock, meine drei kleinen Kätzchen, die zukünftigen Rattenjäger, auf dem Schoß.

Erst gegen drei Uhr trafen wir im alten Lager ein, wo wir, wie schon so oft, eine Erfrischung vorfanden. Herr Blitzner war in sein neues Heim gezogen und erwartete uns oben. Müde und durchgerüttelt konnten wir uns doch nicht ausruhen, sondern mussten fest zupacken, alle Sachen unter Dach zu bringen. Sonnenschein hatte die Fahrt begleitet und noch war kein Tropfen gefallen, aber der Himmel hatte sich schon zugezogen – und richtig – da fing es auch schon an zu schütten. Die letzten Kisten wurden noch schnell unter das Haus gebracht, wo auch die Hühner ihren ersten Aufenthalt nahmen. Selbst die Kuh und Pferde wurden darunter angebunden, wenn sie auch an Regengüsse auf der Weide gewöhnt waren. Aber da war ja noch keine richtige Weide. Man hätte sie anpflocken und dafür die richtige Stelle suchen müssen, wo sie Futter finden konnten.

So war nun alles unter Dach und Fach, aber wie?! Wie sah das Haus, unser ersehntes Heim, aus? Es war keinesfalls fertig! Nur vom Schlafzimmer standen die inneren Wände und waren die Türen angebracht. Die anderen Räume waren noch nicht durch Wände geschieden und bildeten eine große Halle. Der Regen trommelte auf das Dach, dass man sein eigenes Wort nicht verstehen konnte, viel weniger das, was die anderen einem zuriefen.

Das Erste war, die Betten aufzuschlagen und Tisch und Stühle zusammenzusetzen. Da stand ich nun unter einer Masse Samoaner, zur Hilfe bereit und vor Neugier platzend, und die kein Wort verstanden von dem, was ich ihnen erklären wollte. Mein Mann war bei den Zimmerleuten, die für diese Woche Schluss machen wollten mit der Arbeit. Weder die angeforderten Türen und Fenster noch das Kantholz für die Veranda und das Holz zum Verschalen der Zimmer waren mitgekommen, da hatten sie hier oben nicht genug Arbeit.

Also musste ich zugreifen und siehe da, als ich die ersten Handgriffe getan, wobei die Männer interessiert zusahen, blitzte bei einigen das Verständnis auf, und bald halfen sie tüchtig mit, riefen den andern zu, was sie bringen mussten und nach heißer Mühe standen endlich die beiden großen zweischläfrigen Betten nebeneinander, bestaunt mit stolzem Grinsen ob ihrer fleißigen Mithilfe von den Braunen. Natürlich hatten sie schon Betten der Weißen gesehen, aber nicht von diesem Ausmaß. Es war aber schön bei großer Hitze viel Platz zu haben, um immer wieder eine kühle Stelle zum Schlafen zu finden. Die Matratzen waren auch bald ausgepackt nebst Kissen und Decken und selbst die frische Wäsche lag schon bereit. Ein Mann holte eine hohe Kiste, kletterte hinauf und schlug genau in der Mitte über den Kopfenden einen Haken ein, an den das Moskitonetz, das an einem runden Reif befestigt war, aufgehängt wurde. Dieses um die Betten gespannt gab ihnen das Aussehen eines kleinen Zimmers im Großen.

Als Großvater kam, waren wenigstens die Schlafstellen schon geschaffen. Im zukünftigen Esszimmer stand der Petroleumkocher auf einer großen Kiste, die nötigen Töpfe, Pfannen und Tiegel sowie Tassen und Teller dabei und im Kessel brodelte das Teewasser. Tisch und Stühle waren nicht fertig geworden, so diente eine der vielen Kisten als Tisch, zwei kleinere als Stühle. Beim milden Schein einer Petroleumlampe saßen wir zwei beim Abendbrot – allein, tiefe Stille um uns – nachdem sich die vielen anderen Menschen zurückgezogen hatten. Nur der Regen trommelte immer noch auf das Dach und draußen herrschte undurchdringliche Finsternis. Durch die offenen Türen zog der Wind und die müden Glieder sehnten sich nach Ruhe. Waschen konnte man sich im Regen und dieser gab auch eine vorzügliche Dusche und dann legten wir uns zur ersten Ruhe im neuen Heim.

Der Schlaf kam fast augenblicklich. – Aber was war das? Aus dem Schlafe aufgeschreckt fühlte ich mein Kopfkissen ganz nass! So tropfte es doch! Da, gerade ein dicker Tropfen auf meine Nasenspitze! »Mann, Richard, werd' doch wach«, rüttelte ich den schlaftrunkenen Mann. »Ach, Lieber, werd doch wach!« »Es regnet durch, ich bin schon ganz nass!« Es half nichts, wir mussten aus den Betten! Jetzt Licht machen! So einfach mal am Schalter anknipsen, das konnte man damals noch nicht, selbst nicht in Deutschland oder in Amerika. Aber dort hatte man Gas, da brauchte man nur an einem Kettchen an der Lampe zu ziehen und dann hatte man helles Licht. Wir hatten nicht einmal achtgegeben, wo wir abends die Streichhölzer hingelegt hatten, wir wollten doch schlafen bis in den helllichten Tag! Da hatte bei dem ununterbrochenen Regen das Wasser einen Weg zwischen den erst provisorisch aufgelegten Dachplatten gefunden und war durch die Ritzen der Holzdecke gedrungen. Wir mussten mit den Betten umziehen! Das war nicht so einfach bei ihrer Größe. Sie mussten auch zusammenbleiben, weil nur ein Moskitonetz da war. Schließlich halfen aufgestellte Eimer und Kochtöpfe über die Wassernot hinweg und bald nahm uns der unterbrochene Schlaf wieder in seine Arme.

Es war ein Glück, dass der Umzug vollbracht war. Es war der letzte trockene Tag gewesen. Von nun an schüttete der Himmel alles Wasser, das er hatte, auf Samoa herunter. Solche Regenzeit gibt es nicht oft dort. Sie war so, wie sich die Anwohner der gemäßigten Zone gemeiniglich eine tropische Regenzeit vorstellen. Meist gibt es in Samoa zwischen heftigen Regengüssen immer wieder Sonnenschein und der ewig wehende Seewind nimmt die übermäßige Feuchtigkeit bald fort. Aber diese erste Regenzeit, die wir erlebten, war schrecklich. Von Aussicht war wochenlang nicht die Spur. Die Landschaft ähnelte einer norddeutschen im regnerischen November. Das Haus, noch so unfertig, war von dichtem Nebel umhüllt. Alles schimmelte, besonders Schuhe und anderes Lederzeug. Die Betten rochen muffig und wenn man sich mal still hinsetzte, musste man sich in Wolldecken wickeln, so feuchtkühl war die Luft. Der Wind heulte und pfiff, schüttelte die wenigen auf dem Hausplatz stehen gebliebenen Bäume, dass sie knarrten und seufzten und klapperte mit den Wellblechplatten des Dachs.

Der Lastwagen konnte nicht mehr fahren. Lastpferde trugen die nötigen Lebensmittel zu Berg, auch noch Holz und Dachplatten. Der Zimmermann kam mit einem treuen Gesellen und seinem Buben, um wenigstens die Türrahmen zu machen, damit man die Türen anschlagen konnte und so gegen das Wetter geschützt war. Auch das Dach wurde ordentlich dichtgemacht und dann zogen die Leute wieder ab, besseres Wetter abzuwarten. Die lange Hobelbank stand monatelang auf der Veranda, die eine Hälfte ganz einnehmend. Unter dem Hause lagen Hobelspäne und Holzabschnitte herum. Auf dem großen Hausplatz, der ziemlich frei von den Resten des Urwalds war, standen große Wasserpfützen, in denen sich die Enten verlustierten, wohl die einzigen Lebewesen, die Spaß an dem vielen Wasser hatten.

Im Kochhaus stand der Herd. Ach wie viele Tränen hat der gekostet! Wohl oft Tränen des Unmuts, aber meistens von dem beißenden Rauch des nassen Holzes, das darinnen brannte, nein schwelte. Selbst das Holz und die Späne, die unter dem Hause lagen, waren so feucht, dass sie nur schwer brannten. Da musste ich nun für vier hungrige Mägen kochen! Es fing mit Porridge, Bratkartoffeln, Schinken und Eiern, Butter, Brot und Kaffee zum ersten Frühstück an und das musste 6:30 Uhr auf dem Tisch stehen. Ach, wenn man heute diesen Küchenzettel liest! Wie gerne wollte man wegen Rauchs ganze Tränenbäche vergießen, wenn man noch einmal so wirtschaften könnte! Es war nun einmal auf den Plantagen Sitte, mit einem echt englischen Frühstück zu beginnen. Und das war gut so, denn die Arbeit führte die Männer immer in die frische Luft und sie hatten keine Gelegenheit, vor dem Mittagessen einen kleinen Imbiss einzunehmen.

Mittlerweile waren auch die Schränke aufgestellt worden, selbst im Ess- und Arbeitszimmer, obwohl da noch die Zwischenwände fehlten. Da konnten nach und nach die Kisten ausgepackt werden. Wie schön war alles! Mit Staunen bewunderte man die vielen Sachen, die wohlbekannten, die treue Elternliebe uns in die neue Heimat mitgegeben hatte. Alles fand man viel zu schön für die primitive Umgebung und wurde fortgelegt für bessere Zeiten, wenn das Haus fertig und wohnlicher wäre. Jetzt wollten wir uns noch behelfen.

Was kann man viel erzählen von der täglichen Misere? Am ödesten waren die Tage, wo Großvater zur Stadt musste, seinen Geschäften nachzugehen, und nie war es sicher, wann er heimkam. Die Möglichkeiten, die ihn zurückhalten konnten, waren zahlreich. Die herrlichsten Tage waren die, an denen er mit Post reich beladen heimkehrte. Das war alle vier Wochen! Es war wie das Christfest!

Endlich hatte der Himmel ein Einsehen! Plötzlich war er wieder blau! Der Nebel war der Morgensonne gewichen. Das Meer leuchtete blau auf, die weißen Schaumkronen der Wogen waren wieder zu sehen und auch die weißen Häuser Apias winkten herauf! Wie schön war die Welt! Es kamen wohl auch täglich einige Regenschauer, aber der Wind trocknete alles schnell wieder auf und die Sonne lachte dazu. Wie flog nun die Arbeit von den Händen! Der Zimmermann stellte sich wieder ein. Wieder kreischte die Säge und sang der Hobel und die Hammerschläge dröhnten durchs Haus. Wie gerne ertrug man den Lärm, den Schmutz und Staub. Es wurde wieder gearbeitet, das Haus wurde fertig! Wie schön wurde es! So hatte man es sich vorgestellt! Auch die Treppe zur Terrasse und von da auf die Veranda wurde gemacht. Bisher war der Weg nach draußen nur nach hinten herausgegangen, da war es nur eine Stufe tief zum gewachsenen Boden. Danach kamen die Anstreicher und das Haus bekam ein fröhliches Kleid von weißer Farbe mit grünen Borten und Pfosten und Türen. Nun konnte man froh das Osterfest feiern!

Richard und Else mit den Kindern Liese, Bernhard und Gottfried, 1907

Elisabeth Deeken (1879 – 1958)

genannt Else oder Ella, war die Frau des Gründers der Deutschen Samoa-Gesellschaft Richard Deeken. Sie lebten zusammen von 1902 – 1910 in der damaligen deutschen Kolonie Samoa, wo sie eine Kakaoplantage im Urwald errichteten und Richard Deeken sich in der lokalen Kolonialpolitik engagierte. Nachdem ihr Ehemann im Ersten Weltkrieg gefallen war, sorgte sie allein für die sechs Kinder im Familienhaus in Miltenberg am Main.

Glorianna Jagfeld (geboren 1993)

ist eine Ururenkelin Richard und Else Deekens. Seit dem Familientreffen der Nachfahren der Deekens 2008 im Familienhaus in Miltenberg am Main ist sie sehr an ihrer Familiengeschichte interessiert. Zurzeit lebt sie in Stuttgart und studiert Computerlinguistik.